Christoph Däppen

Die Planeten der Präsidenten

Einblicke in eine neue Astrologie

Bibliografische Information der Deutschen Nationalbibliothek:
Die Deutsche Nationalbibliothek verzeichnet diese Publikation
in der Deutschen Nationalbibliografie; detaillierte bibliografische
Daten sind im Internet über http://dnb.dnb.de abrufbar.

© 2014 Christoph Däppen

überarbeitete Ausgabe 2015

christoph.daeppen@bluewin.ch

Herstellung und Verlag:
BoD – Books on Demand, Norderstedt

ISBN 978-3-7386-0655-3

Einleitung

Das Thema dieses Buches ist eine astrologische Theorie, die neu und ungewohnt und alt und vertraut zugleich ist. Aufgrund der Stellung von sieben Himmelskörpern zueinander bei der Geburt eines Menschen soll auf den Charakter dieser Person geschlossen werden können. Das klingt für die einen absonderlich und für die anderen vielleicht zu schön, um wahr zu sein. Aber es ist eine Astrologie, wie man sie sich nur wünschen kann: in der Konstruktion einfach zu verstehen und in der Aussage leicht zu überprüfen. Und doch wäre diese Theorie, falls sie sich als wahr und verifizierbar erweisen sollte, sehr schwer zu begreifen – aber diese Eigenschaft teilt sie mit allen astrologischen Theorien, denn die Astrologie ist eine gänzlich undurchschaubare Wissenschaft, auch wenn ihre Grundaussage simpel ist: dass nämlich aus kosmischen Konstellationen auf Charakter und Schicksal von Menschen geschlossen werden kann. Die Astrologie ist vermutlich die älteste Wissenschaft der Welt; seit Anbeginn der menschlichen Zivilisation wird sie von fast allen Völkern der Welt praktiziert; und das ist eigentlich nur möglich, wenn sie einen wahren Kern enthält, der durch alle die im Lauf der Zeit entstandenen komplizierten und sich oft widersprechenden Regeln und Methoden noch immer wahrnehmbar durchschimmert.

Bevor wir über die Astrologie reden, müssen wir uns mit dem menschlichen Charakter auseinandersetzen. Dass sich die Menschen in ihrem Charakter unterscheiden, ist nun gewiss eine Binsenweisheit, die jedem Menschen mit ein bisschen Lebenserfahrung sofort einsichtig ist. Aber was meinen wir, wenn wir vom „Charakter" sprechen? Wir bewundern etwa einen eindrücklichen „Charakterkopf", aber wodurch kam er zustande? War es Prädestination, Vererbung, Lebenserfahrung oder der Einfluss der Sterne, oder eine Kombination von allem? Die Volksweisheit kennt nur das Phänomen, aber nicht dessen Ursache. Was in der folgenden Untersuchung als „Charakter" bezeichnet wird, ist in Wirklichkeit etwas sehr

Subtiles, das man vielleicht besser mit dem Begriff „Gemüt" umschreiben würde. Es ist so subtil wie der ihm zugrunde liegende Einfluss der Planeten, sozusagen. Es ist so etwas wie die „Grundstimmung" des Menschen - etwas, was immer dann zum Zuge kommt, wenn die angelernten oder auch nur imitierten kulturellen Techniken nicht mehr greifen bzw. bevor sie greifen können. Was wir als individuelle Person zu sein scheinen, sind oft nicht wirklich wir selbst, sondern spiegelt das Charaktermodell der Kulturen, von denen wir geprägt wurden.

Anmerkungen zu dieser überarbeiteten Ausgabe

Es war leider unumgänglich, kurz nach der Veröffentlichung dieses Buches rasch eine Neufassung in Angriff zu nehmen und möglichst bald zu publizieren. Aufgrund eines zeitgedrängten und von technischen Problemen begleiteten Abschlusses des „Gut zum Druck" Ende letzten Jahres schlichen sich in die erste Fassung zahlreiche Fehler ein – vor allem solche, welche das Layout betreffen, aber auch einige inhaltliche Altlasten, welche leider in der Schlussredaktion nicht eliminiert wurden. Die gröbsten Patzer entstanden bei der Erstellung der Druckvorlage, wo Kompatibilitätsprobleme zu fehleranfälligen Umformatierungen führten.

Inhaltlich wurden nur wenige Änderungen vorgenommen, vor allem nicht solche, die an der wesentlichen Aussage des Buches etwas ändern würden; allenfalls wurden unklare bzw. irreführende Stellen entfernt oder dann aber weiterführende, nützliche Hinweise und Erklärungen neu eingebunden. Die Diagramme und Daten sind unverändert.

Big Five

Die moderne Psychologie geht heute davon aus, dass sich jeder geistig gesunde Mensch in einem Schema von fünf grundlegenden charakterlichen Eigenschaften einordnen lässt: den sogenannten „Big Five" der Psychologie. Da dieses psychologische Schema – auch Fünf-Faktoren-Modell und im folgenden kurz „Big-5" genannt - aufgrund von lexikalisch-semantischen Untersuchungen und Kategorisierungen und darauf aufbauenden psychologischen Tests erarbeitet wurde, kann es als Vergleichsbasis für jegliche astrologisch fundierte Psychologie dienen. Eine astrologische Charakterisierung sollte daher diesen experimentell gewonnenen Erkenntnissen nicht grundlegend widersprechen, da sie sonst Gefahr liefe, unglaubwürdig zu werden.

Dass der Big-5-Test heute in der Anwendung oft nichts mehr taugt, ist eine andere Geschichte. Die Fragestellungen sind für gewitzte Menschen nämlich zu leicht durchschaubar, und daher kann das Testresultat mit den „passenden" Antworten beliebig manipuliert werden – etwa wenn es in sogenannten Assessments darum geht, die charakterliche Eignung eines Kandidaten für eine bestimmte berufliche Position zu eruieren. Als jedoch der Test vor Jahrzehnten erstmals den nichtsahnenden Probanden vorgelegt wurde, erhellten die ersten Resultate wohl tatsächlich eine psychologische Grundverfassung zumindest der nordamerikanischen Bevölkerung.

Was nun also beinhaltet dieses psychologische Modell? Folgende fünf Charaktereigenschaften spielen dabei die tragende Rolle:

- Neurotizismus
- Extraversion
- Offenheit (für Erfahrungen)
- Verträglichkeit
- Rigidität

Es handelt sich bei diesen Charaktereigenschaften eigentlich um Sammelbegriffe für verschiedene Facetten des menschlichen Charakters, die unter einem der Oberbegriffe subsummiert sind. Das ist nicht unproblematisch, wie wir noch sehen werden. Aber zuerst muss ich noch einige Anmerkungen zu den Begriffen selbst machen.

Neurotizismus. Menschen mit Hang zum Neurotizismus sind nicht zwangsläufig „neurotisch", aber die Begriffe sind natürlich eng verwandt. Der zentrale Begriff in der englischen Fachliteratur, der dieses psychologische Phänomen umschreibt, ist *anxiety*. Darunter verbergen sich Gefühlszustände wie Ängstlichkeit, Besorgnis und Unbehagen. Man könnte vielleicht den Neurotizismus als chronische Form des neurotischen Verhaltens bezeichnen, bedingt durch Veranlagung oder frühkindliche Prägungen oder sonstige, langfristig wirkende Einflüsse.

Extraversion. Hier fungiert der Begriff Introversion als gegensätzlicher Pol. Im allgemeinen bereitet es uns keine Mühe, die Charakterausprägungen entlang dieses Gegensatzpaares zu erkennen.

Offenheit. Man spricht in diesem Zusammenhang immer von der „Offenheit für Erfahrungen", aber es ist mir nicht klar, weshalb es diese Einschränkung bzw. Ergänzung überhaupt braucht. Wer im weitesten Sinne „offen" ist, macht unweigerlich die eine oder andere Erfahrung, positiv oder negativ - aber das ist wohl nicht gemeint. Mein Verdacht geht eher darin, dass diese Offenheit so gemeint ist, dass Erfahrungen jedwelcher Art immer auch „positiv" gesehen oder umgedeutet werden (Glas ist halb voll und nicht halb leer).

Verträglichkeit. Verträgliche Menschen suchen und finden leicht soziale Kontakte; hier gibt es wahrscheinlich keine Probleme bei der Interpretation.

Rigidität. Im deutschen Sprachraum wird anstelle von „Rigidität" oft auch der Begriff „Gewissenhaftigkeit" verwendet, was aber unweigerlich falsche bzw. tendenziöse Assoziationen hervorruft. Der amerikanische Fachbegriff *conscientiousness* beinhaltet nämlich Facetten, die über unsere Vorstellung von Gewissen und Gewissenhaftigkeit hinausgehen, weshalb man in der deutschsprachigen Psychologie dazu übergegangen ist, vom Begriff Gewissenhaftigkeit abzukommen und stattdessen diese Eigenschaft als Rigidität zu bezeichnen, was leider wiederum zu Konfusionen führt, da im englischen Fachjargon der Begriff *rigidity* anders verwendet wird (nämlich im Sinne einer soziopathischen Verhaltensauffälligkeit). Es handelt sich hier um ein klassisches Übersetzungsproblem, für das ich im Rahmen dieser Arbeit auch keine Lösung anbieten kann.

Es folgt eine Übersicht von möglichen Zuordnungen der verschiedenen Charakterfacetten zu den Big-5:

Neurotizismus:
- Angst
- Ärger
- Verstimmung
- Unsicherheit
- Impulsivität
- Verletzlichkeit

Extraversion:
- Wärme
- Geselligkeit
- Bestimmtheit
- Aktivität
- Vergnügen
- Freude

Offenheit:
- Fantasie
- Ästhetik
- Gefühle
- Aktionen
- Ideen
- Werte

Verträglichkeit:
- Vertrauen
- Direktheit
- Altruismus
- Nachgiebigkeit
- Bescheidenheit
- Herzlichkeit

Rigidität:
- Kompetenz
- Ordnung
- Pflichtbewusstsein
- Ambition
- Disziplin
- Überlegtheit

Es handelt sich hierbei um eine grobe, nicht abschliessende Liste von Stichwörtern, die man durch Synonyme und verwandte Begriffe ergänzen könnte. Sie entstammen der sogenannten „R&F-Studie", auf die wir später noch ausführlich eingehen werden. Zu beachten ist auch, dass die entsprechenden englischen Bezeichnungen teilweise leicht andere Konnotationen haben können. Die Übersetzung von einem zum anderen Sprach- und Kulturraum kann gerade bezüglich psychologischer Begriffe nie wertneutral sein. Es werden sich bei muttersprachlichen Lesern unweigerlich jeweils andere Assoziationen einstellen.

Neurotizismus wird auch als „emotionale Labilität" bezeichnet, und das Gegenteil davon, wenn also die entsprechenden Facetten nur schwach ausgeprägt sind, wäre dann „emotionale Stabilität". Das Gegenteil von Extraversion ist natürlich die Introversion, und das Gegenteil von Offenheit wäre vielleicht Verstocktheit. Das Gegenteil eines sozial verträglichen Menschen wäre dann wohl ein Misanthrop, und als eine gegenteilige Eigenschaft von „rigide" könnte man etwa „liederlich" nennen.

Hier folgt eine Zusammenstellung aus der deutschen Wikipedia, in der für jeden Aspekt die entsprechenden Pole der Ausprägung (tief-hoch) aufgelistet sind:

Aspekt	tief	hoch
Neurotizismus	selbstsicher, ruhig	emotional, verletzlich
Extraversion	zurückhaltend, reserviert	gesellig
Offenheit	konsistent, vorsichtig	erfinderisch, neugierig
Verträglichkeit	kompetitiv, misstrauisch	kooperativ, freundlich, mitfühlend
Gewissenhaftigkeit	unbekümmert, nachlässig	effektiv, organisiert

Solche knappen Zusammenstellungen sind natürlich immer mit Vorsicht zu genießen, denn je nach Charakterprofil der jeweiligen Autoren (und diese werden gewiss Selbsttests gemacht haben) wird die Auswahl der charakterisierenden Begriffe leicht tendenziös zugunsten der Autoren ausfallen. Man hätte hier für jeden Pol, hoch oder tief, ganz andere

Charakterisierungen auswählen können, die dann fallweise nicht mehr so positiv oder zumindest neutral ausgefallen wären.

Das jeweilige Gegenteil der Big-5 ist nicht wirklich definiert und demzufolge auch nicht eigentlich benennbar. Es bleibt dann unserer Wertung überlassen, ob wir als das Gegenteil von „offen" lieber „verstockt" oder eher „eigensinnig" oder vielleicht gar „prinzipientreu" gelten lassen wollen – oder eben „konsistent, vorsichtig", wie oben gezeigt. Man sieht sogleich, dass mit Bezeichnungen immer auch Wertungen verbunden sind. Im Fall des Neurotizismus hat dies auch schon zu Irritationen geführt, weil man nämlich neuerdings gemerkt hat, dass dies die einzige Eigenschaft ist, deren positive Ausprägung eigentlich „negativ" zu werten ist. Der heutige Zeitgeist will es nämlich, dass der „vorbildliche Mensch" emotional stabil ist, und zudem natürlich extravertiert, offen für Neues, sozial verträglich und selbstverständlich zuverlässig: die perfekte Arbeitsbiene für das Grossraumbüro sozusagen! Den Erfindern des Big-5-Schemas ist daher insofern ein Lapsus unterlaufen, als eine der fünf Eigenschaften quasi eine falsche Polarität aufweist. Oder aber es galten damals andere Präferenzen: tiefe Werte für Neurotizismus zeichnen vielleicht weniger die heute so modische „Coolness" aus, sondern charakterisieren eher einen unsensiblen Trampel, den man für höhere Tätigkeiten nicht brauchen kann. Es hat halt jede Epoche ihre Vor- und Leitbilder …

Die Skalierung der Big-5 läuft streng genommen nicht über eine Gegensatzbildung, sondern entlang eines Kontinuums der jeweiligen Eigenschaft. Man ist also nicht extravertiert oder introvertiert, sondern mehr oder weniger extravertiert – von „sehr" bis „fast gar nicht", und dies immer im Vergleich zu sehr vielen anderen Menschen, die auf dieser Charakterskala schon eingeordnet sind. Jene Menschen, die „fast gar nicht" extravertiert sind, wird man dann konventionell auch „introvertiert" nennen. Aber schon bei der

Offenheit fehlt uns der eindeutige Begriff des Gegenteils, wie wir gesehen haben: verstockt, eigensinnig oder prinzipientreu habe ich vorgeschlagen, und vielleicht könnte man den Charakterzug Offenheit auch unter dem Gegensatzpaar „liberal vs. konservativ" abhandeln, was bei oberflächlicher Betrachtung leicht passieren und dann zu ziemlich schiefen Einschätzungen führen kann, vor allem dann, wenn sie politisch motiviert sind. Rein instinktiv wollen wir nämlich nicht, dass unsere politischen oder weltanschaulichen Gegner dieselben Charakterzüge aufweisen wie wir selbst. Aber oft genug ist natürlich genau dies der Fall: dass nämlich die grössten Feinde sich charakterlich am ähnlichsten sind.

Wie wir uns selbst bewerten oder Leute, die wir zu kennen glauben, ist immer relativ. Unser beschränktes Wissen über die mögliche Bandbreite der Charakterausprägungen lässt uns auf der Bewertungsskala hin und her schwimmen. Deshalb sind die so beliebten Charaktertests nicht wirklich aussagekräftig, egal ob ich mich selbst oder eine mir vertraute Person bewerte: mir fehlt einfach der absolute Massstab, um eine hinreichend zutreffende und allgemein akzeptierte Charakterisierung vornehmen zu können. Ich kenne zum fairen Vergleich zu wenig Leute und auch diese nicht gut genug. Und man sieht hier sogleich ein weiteres Problem, und man sollte sich dies immer wieder vergegenwärtigen: So müssen bei einem extravertierten Menschen nicht zwingend alle sechs relevanten Facetten positiv besetzt sein, um ihn als extravertiert zu charakterisieren; es reicht wahrscheinlich, wenn nur eine knappe Mehrheit oder einzelne Facetten hinreichend stark ihr Gewicht einbringen. Vielleicht bin ich ja ein freudiger, vergnügungssüchtiger Mensch, aber es fehlt mir am überzeugenden Auftreten: was zählt dann mehr zur Bestimmung meiner Extraversion? Und bei welcher Gelegenheit zählt es? Wenn das Schwergewicht auf den falschen Facetten liegt, so kann dies bei oberflächlicher Betrachtung zu irreführenden Schlüssen führen. Hohe Werte bei Vergnügungssucht und Geselligkeit machen mich vielleicht zu einem extravertierten Menschen, sind aber nicht unbedingt die besten Voraussetzungen, um als Verkäufer von Versicherungspolicen Erfolg zu haben; da wäre dann eher die Aktivität und das überzeugende Auftreten angesagt!

Man sieht also, dass die Big-5 nur ein sehr grobes Raster zur Bestimmung der Persönlichkeit anbieten. Die Psychologie geht allerdings davon aus, dass die jeweilgen Facetten untereinander ziemlich gut korreliert sind, so dass ein extravertierter Mensch in den meisten Fällen nicht völlig auseinander driftende Facetten der Extraversion hat. Man darf sich allerdings auf diese Annahme, die vielleicht mehr eine Hoffnung über die Gültigkeit des Modells ausdrückt, nicht allzu sehr verlassen: einzelne Facetten innerhalb eines Big-5-Aspekts können in der Tat völlig vom Soll abweichen, und dies hat einen einfachen Grund: die Wirklichkeit ist immer vielfältiger als ein abstraktes Modell.

Ein weiteres Problem der Big-5 - und eigentlich einer der Hauptkritikpunkte an diesem Modell - ist der Zweifel, ob die fünf Merkmale wirklich unabhängig voneinander sind, ob also alle Kombinationen gleichermassen vorkommen. Und dieser Einwand ist berechtigt: Kann ein Mensch gleich hohe Werte beim Neurotizismus wie auch bei der Extraversion aufweisen, oder schliessen sich diese beiden Aspekte nicht irgendwie aus? Gibt es vielleicht eine versteckte Korrelation zwischen Extraversion und Offenheit, oder zwischen Offenheit und Verträglichkeit? Sind rigide Menschen nicht immer auch irgendwie neurotisch? Im Verlauf dieser Untersuchung werden wir sehen, dass es diese Abhängigkeiten vermutlich gibt, dass sie aber nicht hinderlich sind, um ein Gesamtbild der Persönlichkeit zu entwerfen, im Gegenteil: sie sind vielleicht der Schlüssel zu einer besseren Typisierung.

Charakterkunde

Ganz allgemein ist die Charakterkunde mit vielfältigen Problemen konfrontiert, welche ihre Aussagekraft und Treffsicherheit schwer beeinträchtigen können: der menschliche Charakter ist ja nicht etwas Statisches, das unbeeinflusst von den vielfältigen Fährnissen des Lebens immer zuverlässig festgestellt werden könnte. Charaktereigenschaften sind oft nur subtil angelegt und werden leicht von verschiedensten Einflüssen überdeckt: angefangen bei der genetischen Veranlagung, über Kindheitserlebnisse und die Erziehung durch Eltern und Lehrer bis zur Sozialisation in „Peer-Groups" und zu gesellschaftlichen Normen, die gewisse Äusserungen des Charakters belohnen oder bestrafen.

Ein extravertierter Japaner würde in Amerika vielleicht immer noch als introvertiert wahrgenommen, und in der Schweiz erkennt man Deutsche an ihrem bestimmten, unbescheidenen Auftreten, das Schweizer im Vergleich automatisch als schüchtern erscheinen lässt. Die Unterschiede in der kulturellen Prägung können daher viel stärker wirken als die individuellen charakterlichen Ausprägungen. So gesehen müsste eigentlich die Big-5-Skala für jedes Land, für jeden Kulturraum neu kalibriert werden, da sonst Äpfel mit Birnen verglichen würden.

Auch die Biologie spielt mit: Junge ticken anders als Alte, und über die charakterlichen Unterschiede zwischen den Geschlechtern lässt sich trefflich streiten. Es besteht ein allgemeiner Konsens darüber, dass sich der Charakter eines Menschen ab etwa dem 40. Altersjahr stabilisiert und konkretisiert. Manch heissblütiger Jungspund wird allmählich zur reifen Persönlichkeit, der man seine Jugendsünden nicht mehr ansieht. Nicht umsonst gilt das Bonmot: „Wer mit 20 kein Revolutionär ist, hat kein Herz; wer es mit 40 immer noch ist, hat keinen Verstand!"

Zu den geschlechtsbedingten Charakterunterschieden wüsste der Volksmund wohl einiges zu sagen, jedoch handelt es sich bekanntlich um ein politisches Unthema, das wir im Rahmen dieser Untersuchung glücklicherweise elegant umschiffen können. Und wir sind mit einem weiteren Problem konfrontiert, nämlich mit der menschlichen Fähigkeit, seinen Charakter zu verstellen, sich mit Disziplin und aus Gründen der Opportunität eine andere Persönlichkeit anzutrainieren, als sie eigentlich in einem stecken würde. Nicht nur jede Kultur, sondern auch jede Zeit hat ihre charakterlichen Vor- und Leitbilder. Wenn also, so wie gerade jetzt, die extravertierte Persönlichkeit sehr in Mode ist, dann sollte ich, um meine Karrierechancen nicht zu beeinträchtigen, meine introvertierten Neigungen etwas verstecken und zu diesem Zweck ein extravertiertes Mäntelchen umhängen. Das ist auch bei mittelmässiger schauspielerischer Begabung nicht allzu schwer, wenn man sich denn dazu hergeben will. Noch einfacher ist das Bestehen der gängigen Psychotests: die Fragen sind meist so leicht durchschaubar, dass man mit einiger Übung ziemlich treffsicher das gewünschte Charakterbild „erantworten" kann.

Wie so vieles in der Psychologie ist somit auch das Big-5-Modell nicht gänzlich hieb- und stichfest: so etwa sind allzu viele Charaktermerkmale offensichtlich nicht berücksichtigt, ja geradezu ausgeblendet. Der Big-5-Ansatz ist gewiss gut geeignet für sogenannte Assessments, also für den Prozess, mit dem die richtige Person für eine berufliche Stellung evaluiert werden soll. Es ist aber offensichtlich, dass auch die Big-5 erhebliche Defizite aufweisen, wenn es darum geht, den Charakter des Menschen ganzheitlich zu beschreiben. Das Problem beginnt damit, dass es keine verlässliche Definition gibt, welche persönlichen Eigenschaften als charaktertypisch klassifiziert werden können.

Nur schon der Begriff „Charakter" ist problematisch. Ist es etwas, was von „innen" kommt oder etwas, das von „aussen" aufgeprägt wurde? Wie soll ich zum Beispiel den Charakter eines Menschen einschätzen, der einen schweren Schicksalsschlag zu verkraften hatte? Was für einen Charakter soll ich einem kranken oder einem unter chronischen Schmerzen leidenden Menschen bescheinigen? Erleben auch depressiv veranlagte Menschen Momente des Glücks, und wie äussert sich das? Der wahre Charakter zeigt sich ja meistens erst in kritischen Ausnahmesituationen, wo der Mensch auf sich selbst zurückgeworfen ist. Und das ist wohl einerseits wahr und anderseits zugleich ein grosses Problem für die Psychologen, denn dieser elementar geforderte und dadurch mit seinen grundlegendsten Eigenschaften konfrontierte Mensch entzieht sich jedem Psychotest. Im „Normalbetrieb" nämlich ist fast jeder Mensch charakterlich wandelbar und anpassungsfähig; der wahre Charakter des Menschen verschwindet hinter Konventionen, sozialer Anpassung und Stimulanzien, die in die gewünschte Richtung wirken. Natürlich wird sich etwa ein stark Introvertierter nicht auf Dauer so stark verbiegen können, dass er gegen aussen wie ein Extravertierter wirkt – oder dann nur unter Inkaufnahme vor Verhaltensauffälligkeiten. Wer etwa seine verträgliche Seite unterdrücken will, muss damit rechnen, dass die Hand, die streicheln will, nun plötzlich schlägt. Und falls viele Merkmale stark vom Durchschnitt abweichen, dann wird es kaum gelingen, alle so zu kontrollieren, dass man quasi wie als sein Gegenteil wirkt. Irgendein Merkmal entzieht sich immer der Kontrolle, und zwar dummerweise meistens dann, wenn es in einer kritischen oder unvorhersehbaren Situation spontan aus der Tiefe wirkt.

Leichter haben es da die „Durchschnittsmenschen" mit entsprechendem Charakter; sie werden ihre Merkmale leichter auf die eine oder andere Seite modulieren können, bei entsprechendem Temperament gelten sie charakterlich vielleicht sogar als unstet: heute so, morgen anders! Es steht ihnen quasi ein grösseres Spektrum an charakterlichen Ausdrucksmöglichkeiten zur Verfügung, während anderseits die Menschen mit klarer Prägung in die eine oder andere Richtung unverkennbar ihren „Charakter" haben.

Man muss auch tunlichst darauf achten, dass man Talente, Fähigkeiten und Aussehen nicht mit Charakter gleichsetzt. Der Charakter wirkt unabhängig von all den verschiedenen Begabungen und Fertigkeiten, er kann sie allenfalls im Ausdruck modifizieren. Gerade bei Persönlichkeiten mit besonderen Fähigkeiten (Künstler, Wissenschaftler usw.) verstellt manchmal der Blick auf das imposante Werk den Zugang zum Charakter des schaffenden Menschen. Serienmörder und Wohltäter, Genies und Dilettanten können aber dasselbe Charakterprofil haben. Was wir somit unter den Big-5 messen, ist (theoretisch) frei von jeder moralischen Wertung. Es gibt unter den Big-5 keinen „guten" oder „schlechten" Charakter, es gibt nur die „Art und Weise" jene Dinge zu tun, zu denen man sich berufen oder getrieben fühlt oder die einem befohlen werden, und dies besonders auch im Umgang mit Menschen. Es dürfte aber auch klar sein, dass sich gewisse Charakterprofile mit gewissen Tätigkeiten und Anforderungsprofilen mehr oder weniger gut vertragen, Verstellung und Anpassung hin oder her.

Unter dem Strich ist Charakter das, was übrigbleibt, wenn man einen Menschen seiner Privilegien beraubt und ihn mitten in eine Menge fremder Leute setzt: Die Art und Weise, wie sich ein Mensch in einer solchen Situation benimmt, bestimmt seinen Charakter nach dem Big-5-Modell. Insofern könnten wahrscheinlich Gefängniswärter die treffendsten Aussagen über den menschlichen Charakter machen …

Charakter und Astrologie

In der folgenden Untersuchung über den Zusammenhang zwischen Charakter und astrologischer Geburtskonstellation werden die psychologischen „Big Five" an den astrologischen „Big Seven" gemessen: Sonne, Mond, Mars, Jupiter, Saturn, Uranus, Neptun ...

Der geneigte Leser wird in dieser Aufzählung einiges vermissen, nämlich mindestens Merkur und Venus und allenfalls auch Pluto. Der unglückliche Pluto, seit einigen Jahren offiziell seines Status als eigenständiger Planet beraubt, ist rasch erledigt: er ist einer der vielen Kleinplaneten aus der Familie der Plutoniden und ihrer wahrscheinlich nicht mal der grösste. Seine Entdeckung (und die damalige Nichtentdeckung der anderen Plutoniden) war zufällig und wurde vorschnell gedeutet: ein neuer Planet in gewaltiger Entfernung zur Sonne! Pluto wurde dadurch zur Falle für die moderne Astrologie: seine rasche Rezeption ins astrologische Schema war dem nach Sensationen dürstenden Zeitgeist geschuldet und seine psychologische Einordnung den neu aufkommenden politischen Kräften der zwanziger und dreissiger Jahre: Kommunismus, Faschismus und Nationalsozialismus. Der Mensch schien einer neuartigen astro-psychologischen Qualität ausgesetzt zu sein: der überpersönlichen Vermassung. Aber es waren nur politische Gespenster! Und jetzt, wo sie (hoffentlich) überwunden sind, ist auch Pluto „weg vom Fenster" - merkwürdig genug! Pluto hat astrologisch gesehen keine eigenständige Qualität mehr - ob er sie je hatte, lasse ich einmal dahingestellt.

Aber wo bleiben Merkur und Venus, die unbestreitbar zu den klassischen Planeten gehören und in der Astrologie seit jeher eine grosse Rolle spielen? Sie konnten in meiner Theorie keine Berücksichtigung finden, weil ihre Zeitqualität eine andere ist: Aus terrestrischer Sicht sind ihre Umläufe nicht unabhängig von den anderen Himmelskörpern unseres Sonnensystems, sondern sie sind an die Sonne gebunden. Ihr

Winkelabstand zur Sonne kann ein bestimmtes Mass nicht überschreiten, sie können beispielsweise nie in Opposition zur Sonne sein. In meinem Modell spielen diese Winkelabstände aber eine wichtige Rolle, und sie kommen nur dann voll zur Geltung, wenn die Bewegungen aller in Betracht kommenden Himmelskörper – von der Erde aus gesehen – unabhängig voneinander sind, d.h. zwischen jeweils zwei Planeten muss jeder Winkel möglich sein. Ich sage nicht, dass Merkur und Venus in der Astrologie keine Bedeutung haben, aber ihre periodische Zeitqualität ist eine andere, so dass sie – wenn überhaupt - auf einer anderen Einflussebene wirken.

Amerikanische Präsidenten

Die Datenbasis für die folgende Untersuchung findet sich in einem fundierten Werk über die Charaktereigenschaften der amerikanischen Präsidenten: „Personality, Character, and Leadership in the White House" von Steven Rubenzer und Thomas Faschingbauer.[1]

Der grundlegende, systematische Ansatz dieses aussergewöhnlichen Werks erlaubt es, eine Basis für die Hypothese einer Korrelation zwischen Charaktereigenschaften und Geburtsdaten zu legen. Die beiden Autoren haben Spezialisten, die sich sowohl in der amerikanischen Geschichte wie auch in der Psychologie auskennen (also historisch bewanderte Psychologen oder psychologisch versierte Historiker, wenn man so will), dazu aufgefordert, die amerikanischen Präsidenten so weit und so genau wie möglich nach dem Schema der Big-5 psychologisch zu klassifizieren. Die Liste der zu bewertenden Präsidenten reichte von George Washington bis zu George W. Bush. In die Schlussauswertung wurden dann aber nur jene Präsidenten aufgenommen, für die mindestens drei Gutachter eine Bewertung abgaben. Diverse Präsidenten (u.a. die beiden Bush und einige aus dem 19. Jahrhundert) konnten dieses Kriterium nicht erfüllen. Somit verblieben für diese psychologische Studie über die amerikanischen Präsidenten folgende Präsidenten übrig (absteigend in der Reihenfolge ihrer Amtszeit):

---

[1] Steven J. Rubenzer, Thomas R. Faschingbauer: „Personality, Character, and Leadership in the White House; psychologist assess

- Bill Clinton
- Ronald Reagan
- Jimmy Carter
- Gerald Ford
- Richard Nixon
- Lyndon Johnson
- John Kennedy
- Dwight Eisenhower
- Harry Truman
- Franklin Roosevelt
- Herbert Hoover
- Calvin Coolidge
- Warren Harding
- Woodrow Wilson
- William Taft
- Theodore Roosevelt
- Benjamin Harrison
- Ulysses Grant
- Abraham Lincoln
- James Buchanan
- Franklin Pierce
- Millard Fillmore
- James Polk
- Martin Van Buren
- Andrew Jackson
- John Q. Adams
- James Madison
- Thomas Jefferson
- John Adams
- George Washington

Das sind also insgesamt 30 Persönlichkeiten, deren Leben und Wirken zumeist sehr gut dokumentiert ist und die in der amerikanischen Geschichte kraft ihres Amtes eine herausragende Rolle spielten. Die Studie von Rubenzer und

Faschingbauer[2] zeigt nun aber klar auf, dass das Urteil über die Charaktereigenschaften dieser „öffentlichen" Personen unter den Spezialisten keineswegs immer konform ist; in einigen Fällen und bezüglich gewisser Eigenschaften sind die Gutachter zu beinahe gegensätzlichen Urteilen gekommen. Das war natürlich einer der Gründe, weshalb nur jene Präsidenten in die Schlussbewertung einfliessen durften, zu denen sich mindestens drei Gutachter geäussert hatten. Die Einstufung der Präsidenten auf den Charakterskalen der Big-5 erfolgte nach einem standardisiertem Schema: die Gutachter mussten sich entscheiden, auf welchem Percentil für einen bestimmten Big-5-Aspekt – gemessen am Durchschnitt der amerikanischen Bevölkerung – ein jeder Präsident (zu dem sie sich äussern wollten) einzustufen sei.

Nachfolgend die Listen, aus denen die jeweiligen Platzierungen für jeden Big-5-Aspekt ersichtlich sind. Es handelt sich hier um relative Positionierungen auf einer Skala von 0 bis 100 Prozent. Hierzu einige Lesehilfen:

- Nur drei von 100 Amerikanern haben einen höheren Wert für Neurotizismus als Nixon.
- Nur einer von 1000 Amerikanern ist extravertierter als Clinton.
- Nur einer von 100 Amerikanern ist weniger offen als Taft.
- Nur einer von 1000 Amerikanern ist weniger verträglich als Jackson oder Johnson.
- Nur drei von 200 Amerikanern sind rigider als Carter.

Die Studie hat den grossen Vorteil, dass die Experten eine Gruppe von Menschen aus jeweils ähnlichem soziokulturellen Milieu beurteilen mussten. Man bezeichnet solche Gruppen auch als Kohorten. Die Aufgabe bestand zwar darin, einen Präsidenten ins Schema und in die Bandbreite des

---

[2] Im folgenden meist kurz R&F(-Studie) genannt.

amerikanischen Nationalcharakters einzupassen. Die Aussage „Nur einer von 1000 Amerikanern ist extravertierter als Clinton" entspricht also der Quintessenz der Expertenmeinungen zu Clintons Charakter. Aber die Experten dürften v.a. auch eine relative Positionierung innerhalb der Kohorte vorgenommen haben. Wer war extravertierter: Kennedy oder Clinton? Und wenn man da eine Präferenz hatte, dann musste man sich über die Entscheidungskriterien Rechenschaft ablegen, was den einen oder anderen vielleicht dazu zwang, sich mit den Big-5 und deren Facetten näher zu befassen. Insgesamt dürfte also die kollektive Leistung dieser Experten durchaus eine gewisse Aussagekraft haben. Und dieser Meinung waren wohl auch die Autoren der Studie und die interessierte Leserschaft, die das Buch sehr positiv aufgenommen hat.

Neurotizismus

Adams, J.Q.	99.6
Adams	98
Nixon	97
Johnson	95
Coolidge	86
Lincoln	82
Hoover	81
Polk	79
Carter	76
Pierce	76
Wilson	75
Truman	75
Harrison	71
Taft	65
Jefferson	59
Clinton	58
Jackson	56
Buchanan	53
Harding	46
Madison	46
Washington	40
Roosevelt, T.	32
Eisenhower	30
Kennedy	27
Fillmore	26
Van Buren	23
Grant	21
Ford	15
Roosevelt, F.	14
Reagan	4
Durchschnitt	57
Median	58.5

Extraversion

Roosevelt, T.	99.97
Clinton	99.9
Harding	99.87
Roosevelt, F.	99.8
Kennedy	99.6
Johnson	99.4
Jackson	99
Reagan	98.3
Truman	95
Ford	91
Taft	81
Van Buren	78
Pierce	75
Lincoln	75
Eisenhower	71
Grant	69
Carter	58
Fillmore	39
Wilson	37
Washington	28
Harrison	27
Jefferson	23
Polk	22
Buchanan	12
Adams	9
Nixon	7
Madison	6
Hoover	2.4
Adams, J.Q.	1
Coolidge	0.4
Durchschnitt	57
Median	70

Offenheit

Jefferson	99.1
Adams, J.Q.	98
Lincoln	95
Kennedy	82
Clinton	82
Carter	77
Wilson	64
Madison	62
Adams	61
Roosevelt, T.	56
Fillmore	46
Roosevelt, F.	45
Pierce	37
Van Buren	31
Harrison	30
Eisenhower	29
Polk	21
Coolidge	17
Washington	14
Nixon	14
Reagan	10
Harding	10
Hoover	8
Ford	8
Johnson	7
Buchanan	5
Grant	2.3
Truman	1.7
Taft	1
Jackson	0.5
Durchschnitt	37
Median	29.5

Verträglichkeit

Fillmore	82
Lincoln	76
Harding	66
Madison	62
Carter	56
Grant	54
Pierce	54
Ford	53
Taft	51
Jefferson	51
Harrison	39
Truman	33
Eisenhower	33
Reagan	26
Clinton	24
Coolidge	18
Van Buren	16
Washington	16
Wilson	13
Buchanan	13
Adams, J.Q.	11
Kennedy	11
Roosevelt, F.	10
Polk	10
Hoover	6
Roosevelt, T.	2
Adams	1
Jackson	0.1
Johnson	0.1
Nixon	0.02
Durchschnitt	30
Median	21

Rigidität

Wilson	99.2
Washington	98.6
Carter	98.5
Hoover	98.3
Nixon	98
Eisenhower	98
Coolidge	97
Harrison	96
Buchanan	96
Adams, J.Q.	94
Madison	90
Truman	90
Roosevelt, T.	89
Adams	87
Fillmore	86
Van Buren	82
Jefferson	78
Lincoln	75
Johnson	72
Ford	69
Pierce	67
Taft	59
Polk	51
Jackson	31
Roosevelt, F.	27
Grant	9
Reagan	9
Kennedy	5
Clinton	5
Harding	4
Durchschnitt	69
Median	84

Korrelationen

Aus diesen Ranglisten bezüglich der Big-5-Platzierung lassen sich nun Korrelationen zu anderen Ereignissen herstellen, aus denen sich vielleicht Hypothesen über mögliche Kausalitäten formulieren lassen. Ein naheliegender Versuch, eine solche Korrelation herzustellen, betrifft das Geburtsdatum. Der klassische Astrologe müsste nun eigentlich fähig sein, aus dem Geburtshoroskop eines Präsidenten Rückschlüsse auf dessen Charakter zu ziehen, und diese astrologisch begründeten Befunde müssten dann mit den von unabhängigen Gutachtern getroffenen Big-5-Einschätzungen einigermassen deckungsgleich sein. Leider wird das nicht so einfach funktionieren, weil die methodische Basis für die beiden Ansätze jeweils eine ganz verschiedene ist. Zumindest weiss ich von keinem ernsthaften Versuch, eine aussagekräftige Korrelation zwischen den beiden verschiedenen Methoden herzustellen. Psychologie und Astrologie gehen immer noch getrennte Wege, wobei die Psychologie hinsichtlich Wissenschaftlichkeit zurzeit die Oberhand hat. Für Psychologen besteht somit kein Interesse, sich ernsthaft mit Astrologie zu beschäftigen (weil es dem Ruf schaden könnte), und Astrologen igeln sich in ihren komplizierten Theorien ein, um ja nicht mit der wissenschaftlichen Realität konfrontiert zu werden. So lässt sich etwa aus den meist sorgfältig austarierten Charakterisierungen der Astrologen schwerlich eine Big-5-Klassifizierung herleiten. Da ich weder Psychologe noch Astrologe bin, hatte ich keine Vorurteile und Berührungsängste, als ich mit dieser Untersuchung begann.

Worin besteht nun die Methode, die psychologischen Befunde über die amerikanischen Präsidenten in astrologische Daten umzurechnen? Für jedes vorliegende Geburtsdatum wurden alle Winkel zwischen den zu berücksichtigenden Planeten bestimmt. Es lassen sich nun leicht Korrelationsdiagramme zeichnen, indem man die Charakterausprägungen der untersuchten Personen mit ihren individuellen Planetenkonstellationen vergleicht. Man ordnet also im Diagramm die amerikanischen Präsidenten beispielsweise nach ihrem Grad der Extraversion und lässt in Abhängigkeit davon die Winkelabstände zwischen Saturn und Uranus, Mars und Jupiter usw. auftragen. Je nachdem, wie die beiden Kurven zueinander verlaufen, gibt es eine positive, eine negative oder eine indifferente Korrelation.[3]

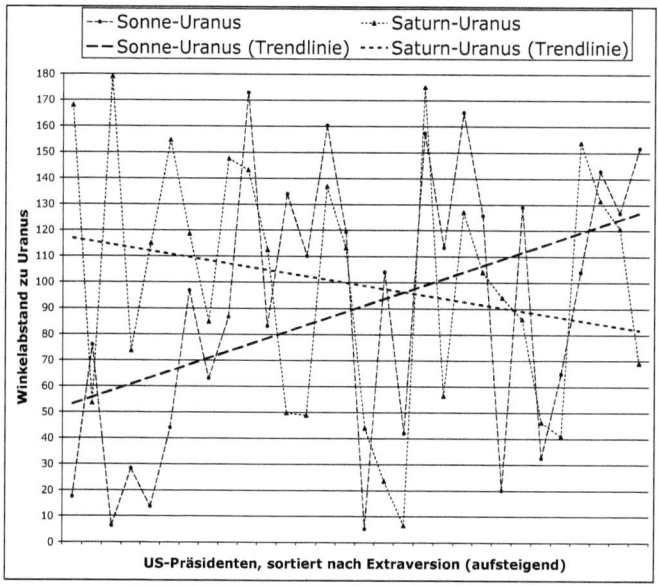

In obiger Abbildung ist ein solches Korrelationsdiagramm für die Extraversion der Präsidenten (rechte Skala) bezüglich der Winkelabstände zu Uranus (linke Skala) zu sehen, und zwar jeweils für die Abstände von Uranus zu Sonne und Saturn.

---

[3] Die Berechnung der Planetenpositionen bzw. Winkelabstände erfolgte mit im Internet frei verfügbaren Astrologieprogrammen.

Man sieht, dass die linearen Trends für die Sonne und für den Saturn bezüglich ihrer Winkelabstände zu Uranus hinsichtlich des Ausmasses an Extraversion gegensätzlich verlaufen: Je grösser der Abstand zwischen Sonne und Uranus, desto grösser die Extraversion, umgekehrt geht eine kleinere Extraversion mit einem grösseren Abstand zwischen Saturn und Uranus einher. Die Steigung der Trendkurven ergibt dann das Ausmass einer postulierten Korrelation zwischen dem betreffenden Planetenabstand und der untersuchten Charaktereigenschaft. Die Steigung wird als Winkeldifferenz zwischen dem höchsten und dem tiefsten Punkt der Trendlinie gemessen, jeweils von links nach rechts betrachtet. Für die Trendlinie Sonne-Uranus ergibt dies eine Steigung von ca. +75 Grad, und für die Trendlinie Saturn-Uranus eine solche von ca. −35 Grad. Diese Winkelabstände gehen dann als Korrelationsfaktoren in die weitere Berechnung ein; grosse absolute Werte signalisieren eine starke Korrelation, Werte um Null eine schwache bzw. gar keine.

Dieses Verfahren ist natürlich sehr grob, und wenn man das Diagramm etwas genauer anschaut, dann sieht man auch, dass die Trendlinien aus Datenpunkten mit einer grossen Variationsbreite abgeleitet wurden. Kann man aus solchen Trendlinien eine verlässliche Korrelation herleiten? Ich muss hier einige Dinge klarstellen und festhalten, damit die Bedeutung und Aussagekraft des Korrelationsdiagramms hinreichend verständlich wird. Der Verlauf der primären Kurve − also im obigen Beispiel die Zuordnung der geschätzten Extraversionswerte zu den einzelnen Präsidenten − ist schon ziemlich spekulativ; sie beruht auf Mittelwerten von Einschätzungen von Experten, die sich auf dem Gebiet der historischen Psychologie berufen fühlen. Wenn man nun diese Kurve mit der Kurve von Planetenabständen in Beziehung setzt, dann erhält man eine mehr oder weniger ausgeprägte Korrelation, der eine hypothetische Kausalität zugrunde liegt.

Aus unserem Diagramm lässt sich also vielleicht schliessen, dass der Winkelabstand zwischen Sonne und

Uranus zur Zeit der Geburt positiv mit der Extraversion korreliert ist (im Sinne einer Kausalität), und der Winkelabstand zwischen Saturn und Uranus wäre entsprechend negativ dazu korreliert. Diese beiden planetarischen Konstellationen, so sie denn kausal wirksam sind, hätten also je nach Konstellation eine sich gegenseitig verstärkende oder schwächende Wirkung auf die Extraversion. Und dazu kämen weitere Winkelbeziehungen, die wir noch gar nicht in Betracht gezogen haben: Mond-Mars, Jupiter-Neptun usw. Was wir im obigen Diagramm als eine Trendlinie beispielsweise für die Beziehung Sonne-Uranus sehen, wäre dann – unter Berücksichtigung aller Einflusskräfte – nur eine Resultante all dieser Kräfte unter dem Aspekt eines speziellen Planetenwinkels. Für die klassische Astrologie ist das keine neue Erkenntnis: es gibt fast in jedem Horoskop Beziehungen und Konstellationen, die sich hinsichtlich gewisser Charakterausprägungen widersprechen. Der massgebende Einfluss ergibt sich dann letztlich per Saldo aller wirkenden Kräfte.

    Die Schwäche dieses Verfahrens ist nun aber zunächst eine Schwäche der Datenbasis. Wie es wirklich um die Extraversion eines Andrew Jackson bestellt war, das wissen nur die Götter. Die von Rubenzer und Faschingbauer angefragten Experten mussten notgedrungen und nach Gutdünken irgendwelche Mutmassungen darüber anstellen, und oft genug werden sie sich widersprochen haben; in der Studie wird diese Problematik eingehend erörtert. Bei den einzelnen Datenpunkten handelt es sich also auch schon um Mittelwerte, vielleicht teilweise sogar um Durchschnitte extrem gegensätzlicher Einschätzungen; und in manch einem Fall dürfte die Minderheitsmeinung sogar näher bei der Wahrheit gelegen haben. Es werden sich aber nicht alle Experten bei allen Einschätzungen geirrt haben, so dass es gewiss legitim ist, aus solchen scheinbar diskontinuierlich verlaufenden Datenpunkten Trends und Korrelationen abzuleiten.

Um nun also das Ausmass der Extraversion und der anderen Eigenschaften zu bestimmen, berechnen wir die Korrelationswerte aller Winkelbeziehungen, d.h. jedes Planeten mit jedem anderen. Wir erhalten auf diese Weise 21 x 5 = 105 Datensätze (alle sieben Planeten zueinander kombiniert ergibt 21 Kombinationen, und jede dieser Kombinationen korreliert mit fünf Charaktereigenschaften). Somit ergeben sich für die Big-5 der untersuchten Präsidenten aus den Planetenkonstellationen zur Zeit ihrer Geburt die im Anhang A aufgeführten Korrelationen.

Wir rechnen hier mit kontinuierlichen Verläufen nach der Regel „je mehr (weniger) ... desto mehr (weniger)". Die klassische Astrologie hingegen kennt scharfe Übergänge, die durch definierte Winkel bestimmt sind. Es gibt dort also keine kontinuierliche Verstärkung zwischen 0 und 180 Grad, sondern ein Winkel von 60 Grad kann eine ganz andere Bedeutung haben als einer von 90 Grad usw. Der mehr quantitative Ansatz, den ich hier verfolge, postuliert einen graduellen Bedeutungsverlauf zwischen Konjunktion (0 Grad) und Opposition (180 Grad), ohne dass ein bestimmter Winkel dazwischen eine besondere, vom allgemeinen Verlauf abweichende Bedeutung hätte.

Saturnische Dominanz. Wer die Tabellen im Anhang etwas genauer studiert, dem muss auffallen, dass einige Planeten bezüglich bestimmter Charaktermerkmale einen dominierenden Einfluss ausüben.

Es folgt eine Liste, aus der die „Beiträge" der einzelnen Planeten zu jeweils einem Merkmal ersichtlich sind - entsprechend der Summe über alle Konstellationsbeziehungen:

Neurotizismus:

Uranus	−	166
Sonne	−	135
Mars	−	120
Jupiter	−	83
Neptun	−	76
Mond	−	63
Saturn	+	199

Extraversion:

Saturn	−	271
Neptun	−	141
Jupiter	−	97
Mond	+	9
Mars	+	37
Sonne	+	70
Uranus	+	149

Offenheit:

Neptun	−	198
Saturn	−	130
Jupiter	−	60
Sonne	−	8
Mars	+	14
Mond	+	39
Uranus	+	51

Verträglichkeit:

Saturn	−	236
Uranus	−	31
Neptun	+	7
Sonne	+	15
Mond	+	76
Jupiter	+	88
Mars	+	95

Rigidität:

Mond	−	133
Uranus	−	121
Sonne	−	21
Jupiter	+	15
Mars	+	26
Neptun	+	173
Saturn	+	251

Es fällt sofort auf, dass Saturn der dominierende Planet schlechthin ist. Bei vier von fünf Merkmalen hält er einen Spitzenplatz bezüglich Korrelation, sowohl positiv wie auch negativ und immer mit hohen absoluten Werten. Uranus hält drei Spitzenplätze, wobei derjenige für die Offenheit nur eine schwache Korrelation darstellt. Und es fällt auch auf, dass - ausser bei der Verträglichkeit - Saturn und Uranus Antagonisten sind.

Das ist schon einmal ein sehr interessanter Befund, denn Saturn ist der Charakterplanet schlechthin: Er ist der Leitstern des gedankenschweren und melancholischen Menschen; er begleitet das Genie wie auch den Verzweifelten. Das Wissen um seine manchmal unheilvollen Einflüsse auf den menschlichen Charakter gehört zum ältesten und konsistentesten Fundus der Astrologie.[4] Wenn wir nun schauen, wie der einsam stehende Saturn (es gilt ja: je höher die in der Liste ausgewiesene Zahl, desto grösser der durchschnittliche Winkelabstand zu den anderen Planeten) den Charakter der amerikanischen Präsidenten beeinflusste, dann ergibt sich eine grosse Übereinstimmung mit dem antiken Wissen: er fördert offenbar Neurotizismus und Rigidität und hemmt gleichzeitig Extraversion, Offenheit und Verträglichkeit. Wir sehen einsame und missmutige Menschen

---

[4] Siehe hierzu die Studie von Klibansky, Panofsky und Saxl: Saturn und Melancholie; 1990.

vor uns. Die Präsidenten Coolidge, Hoover und Nixon entsprachen stark diesem saturnischen Profil.

Planetenprofile. Ich habe aus den obigen Daten ein Big-5-Charakterbild für jeden Planeten entworfen. Schaut man sich die verschiedenen Planeten-Typen im Anhang (B) etwas genauer an, dann erkennt man rasch erstaunliche Übereinstimmungen mit den von der Astrologie tradierten Typologien: den zur Isolation neigenden Saturn haben wir schon gesehen; weiter sehen wir, dass Sonne-, Mars- und Uranus-Typen eher extravertiert und Mond-, Mars- und Jupiter-Typen ziemlich gut verträglich sind. Jupiter-Typen sind somit nicht nur umgangssprachlich, sondern im wahrsten Sinne des Wortes „jovial". Der Mars-Typ ist so ziemlich das Gegenteil vom Saturn-Typ, wohingegen der Mond-Typ seine ihm nachgesagte Wankelmütigkeit durch seine tiefe Rigidität zeigt. Diese mit der traditionellen Astrologie doch überraschend gut übereinstimmenden Resultate mögen ein blosser Zufall sein oder dann ein starkes Indiz für die Treffsicherheit der Methode. Hier zum Vergleich die konventionelle Charakterisierung der uns interessierenden Himmelskörper:[5]

Sonne: *regenerierend, ganzheitlich, gestaltend, zentriert, selbstverwirklichend, energisch, herzlich, wahrhaft, stolz, standhaft, selbstbewusst, eigenmächtig, verantwortlich, ungezwungen, natürlich, autoritär, strukturiert, arrogant, hochmütig, egozentrisch.*

Mond: *unbewusst, sensibel, launisch, wechselhaft, passiv, organisch, flexibel.*

---

[5] Zusammengestellt aus Reinicke: Praktische Astrologie; 1993.

Mars: *egoistisch, kompetitiv, aktiv, initiativ, strebsam, begehrend, kämpferisch, zupackend, aggressiv, skrupellos, riskierend, mutig, leichtsinnig, dominant, rigoros, verkrampft, kompromisslos.*

Jupiter: *expansiv, sozial, human, idealistisch, glücklich, hilfreich, grosszügig, gütig, vernünftig, intuitiv, optimistisch, naiv, selbstzufrieden.*

Saturn: *pessimistisch, gefühlskalt, verbissen, depressiv, isoliert, integer, abgrenzend, vorsichtig, schützend, förmlich, abwehrend, ausweichend, ernsthaft, angepasst, gewissenhaft, schuldbewusst, erfahren, empirisch, pflichtbewusst, konservativ, sarkastisch, zynisch.*

Uranus: *radikal, abnorm, erfinderisch, intuitiv, unlogisch, vergeistigt, paradox, witzig, gespannt, zwanghaft, revolutionär, reformfreudig, neugierig, provokant, impulsiv, unstet, überreizt, wirr, ruhelos.*

Neptun: *selbstlos, selbstvergessen, opferbereit, altruistisch, uneigennützig, offen, verbindlich, teilhabend, austauschend, ahnungsvoll, visionär, instinktiv, gläubig, liebend, unbestimmt, ungreifbar, sensibel, gerührt, verstrickt, realitätsfremd, unordentlich.*

Falls also die Planeten wirklich einen solchen Einfluss auf die Menschen ausübten, dann wäre immer noch rätselhaft, wie so ein Vorgang vonstatten gehen könnte. Man könnte sich etwa vorstellen, dass die Wirkung gar nicht direkt auf die Psyche des Menschen, sondern indirekt über seine körperliche Beschaffenheit geschieht. Dies würde der alten „Säftelehre" entsprechen, wonach das Gemüt eines Menschen durch die Beschaffenheit seiner Körpersäfte (Blut, Lymphe) beeinflusst wird. Das Sein bestimmt ja bekanntlich das Bewusstsein, und ein missmutiger Charakter könnte ja auch durch körperliche Beschwerden erklärt werden. Man könnte aber auch umgekehrt argumentieren: die Art und Weise, wie wir auf körperliche Gebrechen und Beschwerden reagieren, wird durch unseren Charakter bestimmt. Unter dem Saturn findet man etwa die Charakterisierung „depressiv", jedoch wird eine Depression heute als (behandelbare) Krankheit angeschaut und nicht als Charakterausdruck. Viele Charakterzuweisungen ergeben sich ja zunächst aus der Aussenwirkung und nicht aus den möglichen biologischen Ursachen, die selten sofort erkennbar sind. Aber der Volksmund bezeichnet eine Person mit ganz schwierigem Charakter auch schon mal als „krank" und kommt damit vielleicht der Wahrheit oft schon sehr nahe.

Ich kann auf diese zweifellos interessanten Fragen und Problemstellungen im Rahmen dieser Untersuchung leider nicht näher eingehen. Denn auch noch so viele Indizien, die für einen astrologischen Einfluss auf den menschlichen Charakter sprechen, liefern noch immer keine Erklärung für dieses Phänomen. Aber was auch immer eine mögliche Ursache sein könnte, sie würde dann wohl vielleicht doch auf den ganzen Menschen als Einheit von Körper und Geist wirken.

Durchschnittscharakter. Die bisher gewonnenen Daten, von den amerikanischen Präsidenten stammend, sind nur eine erste Annäherung. Würden wir sie auf zufällig ermittelte Geburtstage applizieren, dann erhielten wir im Durchschnitt das Charakterbild in der folgenden Abbildung.

Ich werde im weiteren Verlauf dieser Untersuchung dieses Diagramm als „Astro-5" bezeichnen; es handelt sich sozusagen um die astrologisch errechneten Big-5.[6]

---

[6] Die ausgezogene Linie markiert die errechneten absoluten Werte (linke Skala), die gestrichelte Linie stellt entsprechend die relativen Werte dar (in Prozent, rechte Skala).

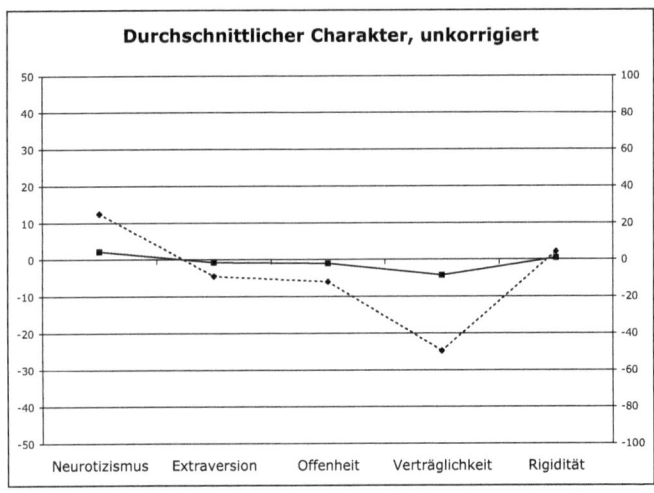

Der durchschnittliche Charakter aus einer zufällig ermittelten, hinreichend grossen Stichprobe müsste eigentlich deckungsgleich mit der Null-Linie sein. Wir sehen hier aber, dass die präsidialen Astro-5, gerechnet aus den ursprünglichen Korrelationen, leichte Abweichungen vom Soll aufweisen. Das muss uns nicht überraschen: Die Kohorte der Präsidenten ist einerseits nicht repräsentativ für die durchschnittliche Bevölkerung, so dass sie sich nur bedingt als Referenzbasis eignet. Im weiteren muss man Ungenauigkeiten und Irrtümer in den Charakterzuweisungen durch die Gutachter erwarten, die zu Verfälschungen führen können. Und aus all dem ergibt sich, dass die derart errechneten Korrelationswerte eine gewisse Ungenauigkeit aufweisen, wenn man sie auf eine zufällige Stichprobe appliziert. Jedoch sind die absoluten Abweichungen ziemlich klein, was dafür spricht, dass die Kohorte der amerikanischen Präsidenten hinsichtlich Geburtsdaten doch recht nahe an eine zufällige Stichprobe herankommt. Die im weiteren Verlauf der Untersuchung verwendeten Astro-5 sind gleichwohl mit einer Korrektur versehen: Die errechneten Werte werden dahingehend korrigiert, dass der oben gezeigten Durchschnittscharakter auf die Null-Linie gebracht wird. Wir sprechen hier aber nur von Näherungen - um welche Beträge die original errechneten Astro-5 effektiv korrigiert werden müssten, lässt sich nur approximativ bestimmen.[7] Für Kurvenverläufe nahe der Null-Linie ergibt sich hieraus ein gewisser Unsicherheitsfaktor, denn sie können je nach Korrektur mal über, mal unter der Null-Linie liegen. Hinsichtlich des qualitativen Zwecks dieser Untersuchung ist dies aber unerheblich.

---

[7] Die Werte der Zufallsstichproben hängen insbesondere auch davon ab, aus welcher Epoche die Mehrheit der Zufallsdaten stammt (und dies kann sich ja zufallsbedingt ändern!). Aufgrund der langfristig wirkenden Bewegungen der äusseren Planeten können verschiedene Generationen unterschiedlichen Charakterprägungen ausgesetzt sein. Dieses Phänomen wird weiter unten noch eingehender erörtert.

Amerikanische Präsidenten im Detail

Im folgenden wollen wir das mit der oben beschriebenen Methode gewonnene Charakterbild etwas genauer anschauen; insbesondere wollen wir abschätzen können, ob die mit dieser Methode erzeugten Charakterbilder vielleicht sogar stimmiger sind als jene, die gute Kenner der Präsidenten aufgrund eines konventionellen Big-5-Tests gewinnen konnten, so wie sie uns in der R&F-Studie präsentiert werden. Wir werden also vor allem jene Fälle diskutieren müssen, in denen sich deutliche Unterschiede zwischen den Ergebnissen der R&F-Studie und den astrologische Befunden ergeben. Im Normalfall dürfte es keine grossen Abweichungen geben, denn die astrologischen Daten und Interpretationen wurden ja indirekt aus den Daten der R&F-Studie gewonnen. Dort wo sich deutliche Abweichungen zwischen den beiden Modellen zeigen, kann man nun anhand spezifischer Details darüber diskutieren, welches Modell allenfalls das bessere ist.

Eine gute Übereinstimmung zwischen den R&F-Werten und den aus den Planetenstellungen errechneten findet sich etwa bei Nixon, Kennedy, Hoover und Coolidge; bei Clinton, Ford, F. Roosevelt, Harding und Wilson haben die beiden Kurven in der Tendenz etwa denselben Verlauf, jedoch teilweise mit merklichen Verschiebungen (in maximal zwei von fünf Aspekten). An Kennedy und Clinton sei dies im folgenden beispielhaft gezeigt.

John F. Kennedy war der erklärte Liebling der Massen. Er war der natürliche Feind eines Nixon: aus gutem Haus, glamourös, stilsicher, ein prädestinierter Führer! Heute kennen wir auch seine dunklen und schwachen Seiten etwas besser, aber damals zu seinen besten Zeiten konnten sie ihm nichts anhaben. Leute mit seinem Charakterprofil kommen relativ leicht zu Erfolg und Ruhm, es fällt ihnen alles ein wenig leichter, auch wenn die geleistete Arbeit und der nachweisliche Erfolg oft ziemlich bescheiden sind. Man nennt es auch

Charisma - dieses gewisse Etwas eines Menschen, das uns davon abhält, genauer hinzuschauen.

Es ist diese Mischung aus Extraversion, Offenheit und Leichtigkeit (geringe Rigidität), die uns an diesen Menschen so bezaubert; sie sind wie selbstverständlich Mittelpunkt einer jeden Gesellschaft.

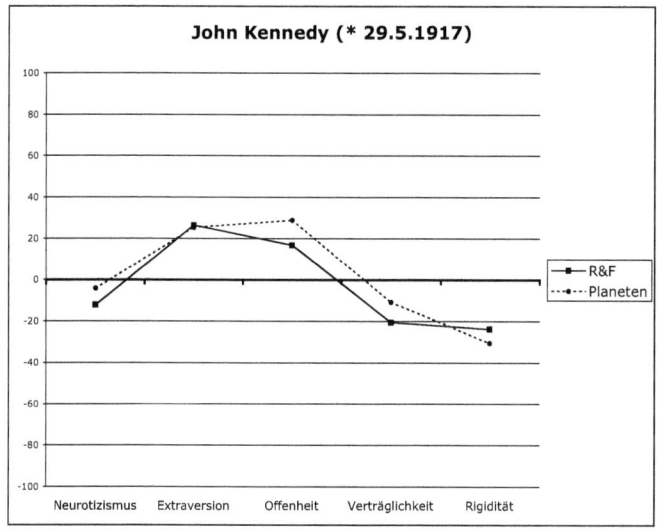

Bill Clinton und Franklin Roosevelt entsprechen auch diesem Typus - Clinton mit stärkerer Betonung auf Offenheit und Roosevelt mit mehr Extraversion; von den Gründervätern im 18. Jahrhundert war es nur Thomas Jefferson, der diese Ausstrahlung hatte. Kennedy ist prototypisch für dieses Charakterprofil, wie man aus der grossen Übereinstimmung zwischen dem R&F- und dem astrologischen Diagramm ersieht.

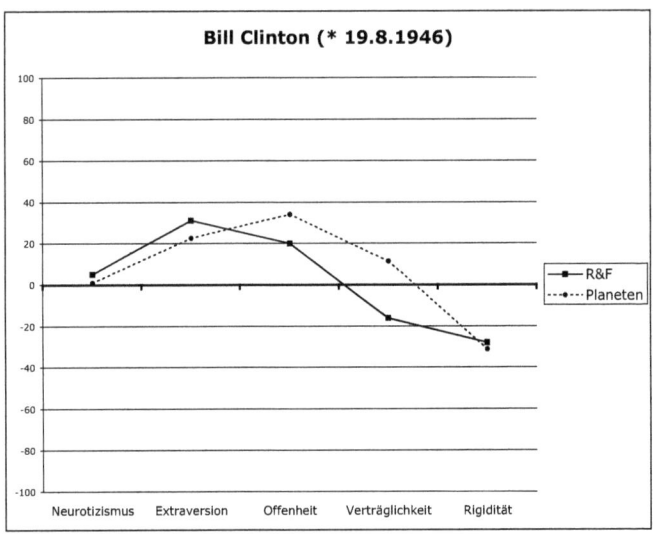

Leicht erkennbare Charaktertypen wie Kennedy und Clinton waren konstituierend für die gefundenen Korrelationen zwischen den R&F-Werten und den astrologischen Daten. Wenn wir also aus den astrologisch errechneten Charakterwerten zum Schluss kommen, dass Kennedy ziemlich extravertiert war, dann führt dies zu keinem Erkenntnisgewinn, denn denselben Befund lieferte uns schon die R&F-Studie. Um zu entscheiden, welches Modell allenfalls die besseren Charakterwerte liefert, müssen wir vor allem jene Fälle anschauen, wo sich signifikante Unterschiede zeigen (im Kurvenverlauf insgesamt oder bei einzelnen Werten), die nach einer Entscheidung verlangen: welche Methode trifft den Charakter im Einzelfall besser?

Wir sehen bei Bill Clinton schon einen kleinen, aber wichtigen Unterschied zwischen den beiden Modellen: die R&F-Gutachter sehen seine Verträglichkeit klar negativ, während die astrologische Methode hier einen leicht positiven Wert ausweist. Überhaupt scheinen die Experten Clinton als eine charakterliche Kopie von Kennedy taxiert zu haben, was nun doch zu kurz greift. Clinton war dafür bekannt, dass er keine Mühe damit hatte, sich jovial unters Volk zu mischen. Es gibt zahlreiche Anekdoten hierzu, und einige reichen in seine Kindheit zurück; sie erzählen die Geschichte einer Persönlichkeit, die leicht und gerne Freundschaften schloss und demzufolge einen stark entwickelten Sozialsinn aufweisen musste. Es fällt also schwer, bei Clinton eine tiefe Verträglichkeit anzunehmen. Vielleicht haben da die Gutachter auch etwas verwechselt oder falsch gewichtet: dass Clintons Umgang mit Praktikantinnen nicht verträglich mit seinem Amt als Präsident der Vereinigten Staaten war, dürfte jedem einleuchten – aber es ist nicht diese Art von Unverträglichkeit, die uns hier interessiert.

Die amerikanische Präsidentschaft hat im Lauf der Zeit die verschiedensten Persönlichkeiten auf ihrem Stuhl gesehen, und natürlich ist die Wahl des amerikanischen Präsidenten nicht zuletzt auch eine Persönlichkeitswahl - dies vielleicht weniger am Ende, wo sich die Vertreter der grossen Parteien gegenüberstehen (hartgesottene Republikaner werden nie für einen demokratischen Kandidaten stimmen, selbst wenn ihr eigener Kandidat eine Niete ist), sondern natürlich vor allem in den Vorwahlen, wo die Kandidaten innerhalb einer Partei ausgesiebt werden. Wessen Charakter gegen den Zeitgeist spricht, hat schon hier keine Chance; die Fähigkeit für das Amt scheint irgendwie sekundär zu sein. Wir wollen im folgenden einige Fälle anschauen und dann versuchen, ein Urteil darüber zu bilden, welche Methode bei der Charakterisierung der Präsidenten letztlich besser abschneidet.

Ronald Reagan. Ein erstes prominentes Beispiel finden wir in Ronald Reagan, bei dem die Merkmale Neurotizismus, Extraversion und Rigidität zur Debatte stehen. Man erkennt leicht, dass die Merkmalskurve aus der R&F-Studie und jene aus den Planetenkonstellationen unterschiedliche Persönlichkeitstypen beschreiben; die Werte für die Offenheit und die Verträglichkeit sind zwar einigermassen gleich, jedoch sind vor allem Extraversion und Rigidität praktisch entgegengesetzt.

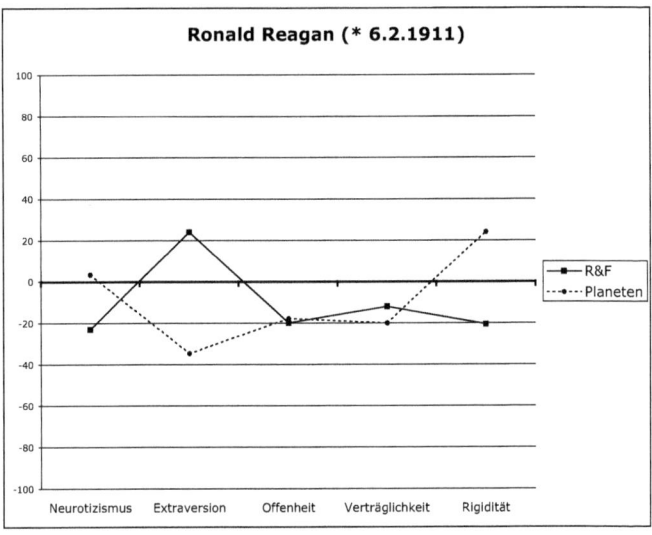

Die Frage müsste demnach ganz einfach zu beantworten sein: War Reagan eher ein introvertierter oder eher ein extravertierter Mensch, war er eher rigide oder eher liederlich? Interessierte er sich eher für Menschen (extravertiert) oder eher für die Sache (rigide).

Die Antworten auf diese Fragen fallen verblüffend leicht: Reagan war wohl ein grosser Verfechter öffentlicher Angelegenheiten, er war immer locker drauf und geizte nicht mit frechen Sprüchen, aber für die Menschen um ihn herum interessierte er sich nicht wirklich - er war kein Buddy-Typ! Auch für seine Familie, die ihn eigentlich nur emotional distanziert erlebte, blieb seine Persönlichkeit ein Rätsel. Wohl aufgrund der Tatsache, dass er einst Schauspieler war und er sein schauspielerisches Talent auch in der Politik ausgiebig einsetzte, sahen offenbar die meisten Gutachter in ihm einen extravertierten Charakter.

Auch Rubenzer und Faschingbauer geben einige interessante Hinweise, die auf Reagans komplexe Persönlichkeit schliessen lassen:

- trotz seines freundlichen Äusseren war Reagan „emotional scheu";
- er hatte nur wenige enge Freunde;
- man konnte den Eindruck gewinnen, dass er seinen Charme dazu benutzte, um die Leute auf Distanz zu halten;
- mehr als die meisten anderen Präsidenten blieb er ein Rätsel;
- auch seine Frau Nancy musste eingestehen, dass sie ihn nicht wirklich kannte;
- er predigte wohl die Werte der Familie, blieb als Vater aber selbst emotional distanziert zu seinen Kindern;

Die Autoren erklären sich diese seltsame Diskrepanz zwischen privatem und öffentlichem Auftreten mit der Tatsache, dass Reagans Vater ein Alkoholiker und eine gescheiterte Existenz war. Reagan junior hätte demzufolge schon früh gelernt, seine Umgebung hinsichtlich seiner wahren Befindlichkeit zu täuschen. Das klingt nach einer unglücklichen Jugend – aber wie so oft ist das Gegenteil wahr: Reagan schilderte seine Jugend als die glücklichste Zeit seines Lebens. Als sein Vater in der grossen Depression als Schuhhändler Bankrott macht, war Ronald Reagan schon erwachsen und ging seine eigenen Wege. Um Reagans Charakter einschätzen zu können, reicht es natürlich nicht, nur auf die Zeit seiner Präsidentschaft zu schauen. Als er 1981 sein Amt antrat, stand er kurz vor seinem 70. Geburtstag. Wenige Wochen später wurde er bei einem Attentat verletzt. In seiner zweiten Amtszeit war sein körperlicher und geistiger Niedergang nicht mehr zu übersehen; die einsetzende Alzheimerkrankheit forderte ihren Tribut.

In der Tat ist es aber so, dass jeder der oben angeführten sechs Punkte allein für sich ein starkes Indiz für Introversion darstellt, geschweige denn alle sechs zusammen. Ronald Reagan war nicht extravertiert – im Gegenteil! Wie aber kamen die Gutachter zu ihrem falschen Befund? Ronald Reagan hat die politischen Meinungen gespalten wie kaum ein Präsident vor oder nach ihm; seine Präsidentschaft steht für die neokonservative Bewegung, die einerseits den sowjetischen Erzfeind überwand und anderseits den patriotischen Pathos wieder erweckte. Im Windschatten dieser konservativen Rückbesinnung konnte sich auch ein wirtschaftspolitisches Laissez-faire etablieren und sogar für lange Zeit zu einer Art Ideologie werden (nämlich bis zur Finanzkrise 2008). Was in Europa durch den Thatcherismus verkörpert wurde, waren in den USA die Reaganomics, eine wirtschaftsliberale Grundhaltung, an der die Kampfrufe der traditionellen Linken erfolglos abprallten.

Es könnte nun aber sein, dass einige der Gutachter, die das Charakterprofil der Präsidenten zu beurteilen hatten, eher dem linken politischen Lager bzw. dem der Demokraten zuzurechnen sind; diese Annahme ist nicht sehr gewagt, weil auch in Amerika das akademische Milieu eher auf der linken Seite des politischen Spektrums zu verorten ist. Nun war aber dieser republikanische Präsident Reagan schon bald das erklärte Feindbild der Linken.

Wenn ich eine Person zu charakterisieren habe, die mir politisch nicht genehm ist, dann könnte ich womöglich dazu neigen, diese Person eher konträr zu meinem eigenen Charakterprofil zu platzieren. Und wenn man jetzt noch bedenkt, dass viele dieser Gutachter wohl eher introvertierte Intellektuelle waren, so könnte sich vielleicht aus diesen Umständen erklären, weshalb der offensichtlich introvertierte Reagan so vehement als extravertiert charakterisiert wurde. Denn die Gutachter waren sich ja auch darüber einig, dass Reagan ein sehr anti-intellektueller Präsident war, eigentlich eine hohle Nuss, ein oberflächlicher Dampfplauderer, ein zweitklassiger Schauspieler, der bei jeder Gelegenheit unangemessene Witze machte und dummdreiste Sprüche absonderte.

Etwas anders könnten die Dinge bei der Fehleinschätzung von Reagans Rigidität liegen; hier dürften die Gutachter von kleinen Dingen abgelenkt worden sein, oder vielleicht glaubten sie auch, aus der wirtschaftlichen Laissez-faire-Politik des Präsidenten auf gewisse charakterliche Eigenschaften schliessen zu können. Wirtschaftspolitisch locker – ergo auch persönlich lasch! Oder Reagans Angewohnheit, öfter mal längere Pausen für ein Nickerchen einzulegen – ergo keine Disziplin! Dass das Bedürfnis nach Ruhepausen vielleicht aus seinem fortgeschrittenen Alter erklärt werden könnte, darauf muss man natürlich erst einmal kommen; und dass die Konsequenz und das Tempo, mit denen die neue Wirtschaftspolitik während Reagans Amtszeit durchgesetzt wurde, eher auf einen kühl und methodisch agierenden Haupttäter schliessen lassen, ist nicht von der Hand zu weisen. Man sieht dieses Muster eben schon auf dem Weg zur Präsidentschaft, als sich Reagan gegen die Konkurrenz aus der eigenen Partei durchsetzen musste. Dies tat er mit einer sehr methodischen und konsequenten Wahlkampfführung, bei der er die Zügel nie aus der Hand liess. Da war nie ein Anflug von opportunistischer Flatterhaftigkeit oder taktischem Kalkül, sondern ein unbeirrbares Hinarbeiten auf ein langfristiges Ziel, dem sich alle Mitarbeiter unterordnen mussten. Reagan war in dieser Beziehung auf jeden Fall sehr rigide, und nachdem er das Ziel erreicht hatte und er sich seiner Sache sicher sein konnte, übte er das Präsidentenamt tatsächlich mit einer gewissen souveränen Lockerheit aus.

Auch bei der Einschätzung seines Neurotizismus schauen die Gutachter wahrscheinlich auf die falschen Dinge - etwa auf seine Cowboy-Stiefel, die er mitunter gerne trug, und die ihm so etwas wie rurale Bodenhaftung verliehen. Man hätte aber besser die Besucher des Weissen Hauses etwas genauer angeschaut, und hätte dann festgestellt, dass nie vorher oder nachher so viele Astrologen dort ein- und ausgingen. Selbst wenn man berücksichtigt, dass es vor allem die First Lady Nancy war, die sich für Astrologie und allerlei Hokuspokus interessierte, so hätte man sich vielleicht doch die Frage stellen müssen, ob der Präsident dieses bunte Treiben mehr als nur tolerierte; er scheint da doch so etwas wie eine empfängliche Ader für Übersinnliches gehabt zu haben. Die Gutachter bei R&F versorgten diese Neigungen dann aber nur in der Facette „Offenheit für Fantasien", in der Reagan fast maximal punktete. Reagans Persönlichkeit war wohl doch etwas nervöser, als man es aus seinem ruhigen, selbstsicheren Auftreten vermuten könnte – aber dieses war ja vielleicht auch vor allem auf seine schauspielerischen Fähigkeiten zurückzuführen.

Jimmy Carter. Auch bei Jimmy Carter gibt es erhebliche Abweichungen im Charakterbild zwischen der Einschätzung durch die R&F-Gutachter und den korrelierten planetarischen Daten. Zunächst fällt auf, dass die R&F-Kurve nur im positiven Bereich verläuft, was eher aussergewöhnlich ist. Im weiteren sind die Höhen und Tiefen der Kurven genau entgegengesetzt, d.h. die Zackenmuster sind zueinander quasi wie spiegelbildlich, was natürlich auch nur ein zufälliger Effekt sein kann. So etwa sind die Unterschiede bei den Merkmalen Extraversion und Verträglichkeit unerheblich und daher nicht diskussionswürdig. Das entscheidende Merkmal bei Carter ist der Neurotizismus: War Präsident Carter ein emotional stabiler

Mensch, oder war er von nervösen Ängsten geprägt? Das Planetenbild deutet auf ersteres, doch die Gutachter vermuten letzteres. Zunächst ist in Erinnerung zu rufen, aus welchem beruflichen Umfeld Carter seine Präsidentschaft antrat: Er war zuvor ein erfolgreicher und der heimatlichen Scholle verbundener Erdnussfarmer in Georgia und daher wohl – wie man annehmen darf - ein eher nüchterner Mensch. In jungen Jahren, bevor er das väterliche Geschäft übernahm, machte er Karriere als Marineoffizier, und des weiteren studierte er Atomphysik, womit ihm eine höhere Offizierslaufbahn eigentlich offenstand. Dass er darauf zugunsten einer beruflichen Karriere als Unternehmer und Plantagenbesitzer verzichtete, lässt sich in Bezug auf charakterliche Eigenschaften nicht deuten. In beiden Umfeldern kam ihm seine stabile Persönlichkeit zugute.

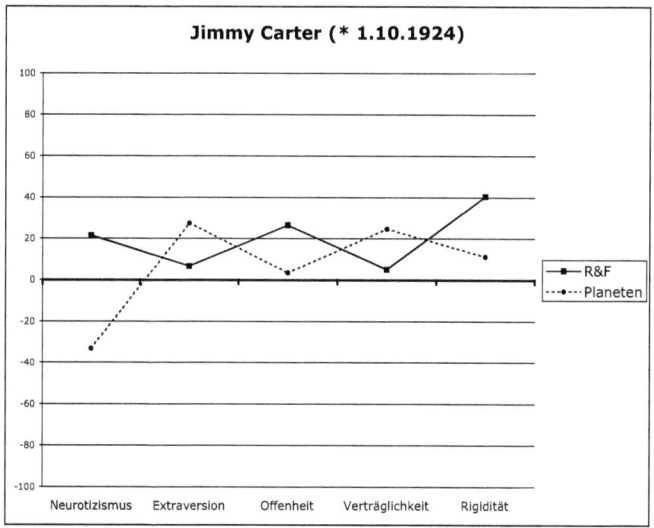

Für seine gut entwickelte Extraversion und Verträglichkeit spricht die soziale Verbundenheit mit seiner Heimat, wo er bis dato als Dekan einer Baptistengemeinde wirkt. Carter ist gut vernetzt, auch wenn er das schmutzige Politspiel in Washington nie mitmachte (was ihm wohl seine Wiederwahl kostete); von dieser Vernetzung und Wertschätzung in weiten Kreisen – auch international - erzählen auch seine zahlreichen philanthropischen Aktivitäten, die er nach seiner Präsidentschaft in Angriff nahm. Carters Amtszeit gehörte zu den wenigen Phasen in Amerika, wo dieses Land mit keinem anderen im Krieg lag. Dieser dem Frieden verpflichtete Regierungsstil mag seiner tiefen Religiosität geschuldet sein, insofern war Carter immer ein „Überzeugungstäter", der seinem Gewissen den Vorrang gab. Es war vielleicht diese religiös motivierte Handlungsweise, die für die Gutachter den Ausschlag gab, Carters Wert für Neurotizismus eher hoch anzusetzen. Carter hatte sehr hohe moralische Wertmassstäbe, und er litt selbst am meisten daran, wenn er sie nicht erfüllen konnte.

Was wir hier sehen, ist letztlich die Schwäche der Big-5: sie beschreiben eben nur einen Teil der menschlichen Persönlichkeit, und sie können deshalb private Überzeugungen und Glaubensinhalte nicht wirklich erfassen. Ein Mensch kann emotional stabil sein und trotzdem Gewissensbisse aufgrund tiefer religiöser Überzeugungen haben. Für unreligiöse Menschen (wozu vielleicht auch die meisten Gutachter zählten) waren deshalb viele Aspekte von Carters Präsidentschaft nur schwer zu verstehen, und aufgrund einer allgemein um sich greifenden Psychologisierung in unserer Gesellschaft ist man heute schnell geneigt, Verhaltensmerkmale auf Charaktereigenschaften zurückzuführen, weil man andere Quellen der Motivation gar nicht mehr kennt oder anerkennt.

Carter war wohl einer der intelligentesten Bewohner des Oval Office; er war zwar nicht eigentlich ein Intellektueller im landläufigen Sinn, aber er war hoch gebildet, an sehr vielen Dingen interessiert und konnte Unmengen an Fakten verarbeiten und verinnerlichen. Wahrscheinlich deshalb und auch aufgrund seiner Neigung zum Micromanagement gaben ihm die Gutachter hohe Werte bei der Rigidität. Allerdings ist die peinvolle Beschäftigung mit banalsten Details nicht gerade ein Indiz für methodische Fähigkeiten, kurz: seine Amtsführung war nicht gerade für ihre Effizienz bekannt. So kann seine Rigidität eigentlich nur moderate Werte erreichen, so wie es die Planeten indizieren.

Den hohen Wert für die Offenheit bei R&F verdankt er sicher seinen vielfältigen Interessen und Aktivitäten; das Merkmal Offenheit bei den Big-5 beinhaltet aber nicht nur Interesse an fremden Dingen, sondern eigentlich noch mehr die ideellen Beeinflussbarkeit durch andere Meinungen (offen für neue Ideen, andere Meinungen und Lebensarten). Und hier scheint für Carter ein durchschnittlicher Wert wohl angemessen, denn noch mehr als von neuen Ideen liess er sich von alten Überzeugungen leiten, so etwa von seinem religiösen Gewissen.

Lyndon Johnson. Lyndon B. Johnson hat den zweifelhaften Ruf, einer der ruchlosesten und schamlosesten Präsidenten in der Geschichte der USA gewesen zu sein. Die zahlreichen Anekdoten mit Peinlichkeiten aller Art, die er sich während seiner Präsidentschaft leistete, zeugen davon.

Aber auffälliges Verhalten gründet nicht immer nur in der Veranlagung des Charakters, sondern könnte auch durch psychosomatische Störungen hervorgerufen sein, was man bei Johnson als mögliche Erklärung seiner seltsamen Auftritte in Erwägung ziehen sollte. Johnson wurde in der R&F-Studie sehr hoch bei der Extraversion und beim Neurotizismus und sehr tief bei der Verträglichkeit und bei der Offenheit eingeschätzt. Im Bild mit der relativen Verteilung kommt dies nicht so gut zum Ausdruck, was aber für unsere Untersuchung keine Rolle spielt.

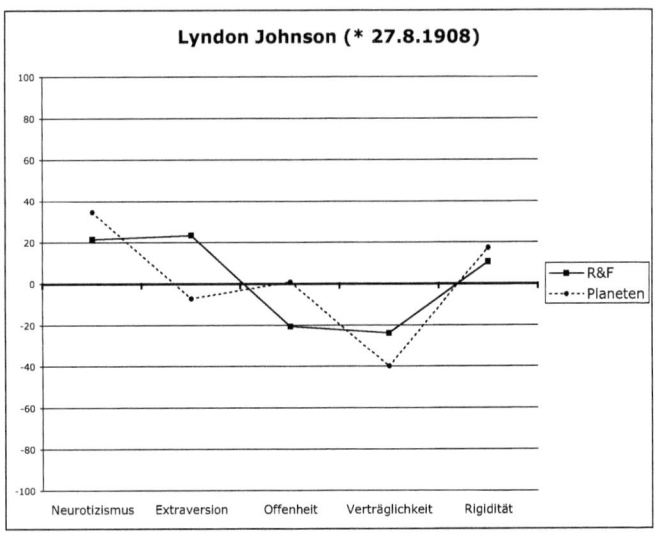

Wir sehen in der Analyse, dass der planetare Charakter für Johnson durchschnittliche Werte in den Aspekten Extraversion und Offenheit ausweist. Da stellt sich nun die Frage, welche Charakterisierung besser ist: jene aus der R&F-Studie oder jene, die sich den astrologischen Korrelationen ergibt? Aus dem astrologischen Diagramm scheint in der Tendenz der Saturn-Typ durch, was einiges an seinem sozialunverträglichen Verhalten, aber auch an seinem Interesse für technokratische Massnahmen erklären könnte. Er interessierte sich sehr für allgemeine Wohlfahrt und Gleichberechtigung und an staatlichen Massnahmen, wie jene zu fördern seien.

Die Gutachter werden sich nun gedacht haben, dass sein unerhört rüpelhaftes Benehmen auf die Dauer nur mit einer guten Portion Extraversion zu bewältigen sei – aber das taugt natürlich nicht als Begründung, da Johnsons Benehmen im Prinzip allein schon aus seiner neurotischen Überspanntheit und seiner sozialen Unverträglichkeit erklärt werden kann. Johnson interessierte sich wohl für den Menschen im allgemeinen, d.h. für die abstrakte Gesellschaft, aber weniger für die konkreten Menschen um ihn herum. Wenn er wirklich diese starke Extraversion gehabt hätte, wie es die R&F-Studie behauptet, dann wäre sein Umgang mit seinen Mitarbeitern definitiv anders gewesen: wohlwollender, kollegialer - wenn auch vielleicht nur oberflächlich.

Wir werden später sehen, dass sich starker Neurotizismus und starke Extraversion wahrscheinlich sogar weitgehend ausschliessen – nicht nur weil es die Sterne so wollen, sondern weil diese beiden Eigenschaften nur schon rein intuitiv negativ korreliert sein müssen. Man kann nicht stark neurotisch und extravertiert zugleich sein, das sagen uns gesunder Menschenverstand und normale Menschenkenntnis. Das Big-5-Modell behauptet aber, dass die einzelnen Charakterausprägungen unabhängig voneinander in beliebiger Kombination beliebig stark ausgeprägt sein können. Die stärkste Kritik am Big-5-Modell entfacht sich aber gerade an dieser offensichtlich allzu leichtfertigen Annahme und äussert sich dahingehend, dass die einzelnen Charakterausprägungen nicht - wie vom Modell behauptet - wirklich unabhängig voneinander sind, womit das Modell versteckte Korrelationen (positive wie auch negative) enthält, was eigentlich nicht sein dürfte.

Dwight Eisenhower. Auch bei Dwight Eisenhower sehen wir, dass sich die strittigen Punkte auf die Merkmale Neurotizismus und Extraversion konzentrieren. Die Planeten sehen es hier genau andersrum als die Gutachter, nämlich fast spiegelbildlich verkehrt. Darum ist auch hier die Fragestellung sehr einfach: welches Modell trifft Eisenhowers Charakter besser?

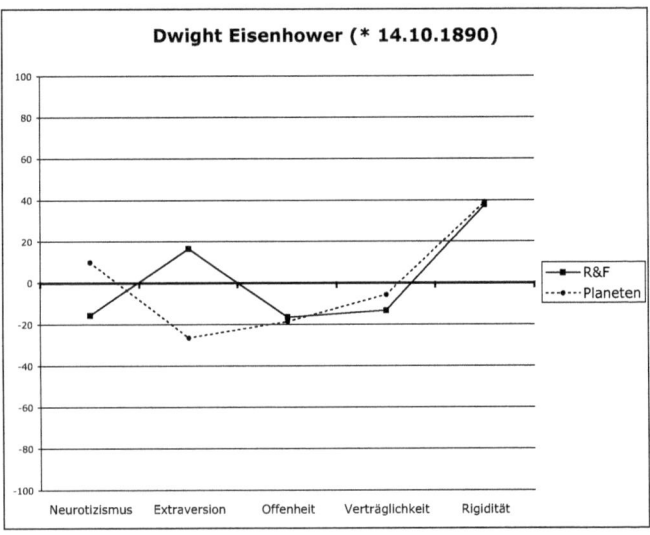

In der R&F-Studie wurde ein Persönlichkeitsmerkmal Eisenhowers fast nur am Rande und somit gleichsam anekdotisch erwähnt, das folglich die Gutachter wahrscheinlich nicht ernsthaft in ihre Überlegungen miteinbezogen haben, das aber trotzdem über die Ausprägung des Neurotizismus entscheiden könnte. Eisenhower war nämlich sehr abergläubisch: Er trug immer irgendwelche „Glückstaler" auf sich, und wenn ihm jemand in die Quere kam oder ihn ärgerte, dann grollte er nicht einfach nur gegen diese Person, sondern er tat sie mit einer voodoo-artigen Handlung gleichsam ab: er schrieb den Namen der missliebigen Person auf einen Zettel und schmiss diesen in die unterste Schublade seines Schreibtisches.

Trotz seiner langen Militärkarriere, die zwei Weltkriege umfasste, blieb er einem magischen Denken verhaftet, und allein schon diese Marotte liesse sich problemlos mit einem erhöhten Neurotizismus erklären. Dass er auch

Verschwörungstheorien nicht abgeneigt war, zeigen sodann seine „famous last words" als Präsident an seine Landsleute: In seiner Abschiedsrede malte er die Gefahren eines zusehends stärker werdenden „militärisch-industriellen Komplexes" an die Wand, der drauf und dran war, die zivilen und demokratischen Errungenschaften Amerikas zu zerstören. Seinen Worten wurde um so mehr geglaubt, als er selbst die militärische Maschinerie aus dem Innersten heraus nur allzu gut kannte. Man kann natürlich darüber streiten, ob Eisenhower mit seinen Befürchtungen recht behielt; aber zumindest lässt sich feststellen, dass seine unheilvolle Ankündigung einer drohenden Militarisierung der Gesellschaft eine ewige Inspirationsquelle für Verschwörungstheoretiker und Drehbuchautoren bleiben wird. Für uns ist aber nur wichtig, dass allein die Tatsache dieser Worte aus dem Mund Eisenhowers bei der denkbar unpassendsten Gelegenheit (bei der Abschiedsrede!) ihrem Sprecher ein eher hohes Mass an Neurotizismus bescheinigen muss. Dieser Vorfall zeigt nämlich, dass der verdiente General Eisenhower letztlich doch von diffusen Ängsten geplagt wurde – von emotionaler Stabilität oder Indifferenz kann hier keine Rede sein.

Wie steht es aber mit Eisenhowers Extraversion? Die Planeten deuten einen introvertierten Charakter an, die Gutachter sehen es anders. Wenn man sich seine militärische Karriere etwas genauer anschaut, dann fällt auf, dass er – selbst in den höchsten Positionen – eigentlich immer nur in Stabsfunktionen tätig war. Er hat diversen hochdekorierten Generälen zugedient, aber seine Arbeit liess sich eigentlich immer vom Schreibtisch aus erledigen, sie beinhaltete kaum je die direkte Führung von Untergebenen im Fronteinsatz. So konnte er zwar Oberbefehlshaber werden (u.a. „leitete" er die Landung der Alliierten in der Normandie), aber echte Fronterfahrung blieb ihm in seiner Offizierskarriere weitgehend erspart. Hingegen zeichnete er sich schon früh mit strategischen Konzepten zum Einsatz von Panzern aus – zu einer Zeit notabene, als Panzer gerade eben erfunden waren!

Stabsarbeit ist nun aber das ideale Tätigkeitsgebiet für Introvertierte. Eisenhower war somit weniger der charismatische Führer, der Leute um sich scharen konnte, sondern vielmehr der technisch begabte Sandkasten-Stratege, der mit grosser Hingabe minutiöse Operationspläne ausarbeitete. Der Irrtum der Gutachter bezüglich Eisenhowers Extraversion liegt meines Erachtens darin, dass Aussenstehende (z.B. Gutachter, die nie Militärdienst leisten mussten) automatisch davon ausgehen, dass die Erringung hoher militärischer Grade ein gehöriges Mass an Extraversion voraussetzt. Aber gerade bei Berufsoffizieren, die notgedrungen auch in technisch orientierter Stabsarbeit eingebunden sind, muss das überhaupt nicht der Fall sein; ihre Kompetenz gründet weniger auf extravertierter Führung, sondern in der rigiden Bewältigung administrativer Aufgaben. Bei Eisenhower war es ganz klar seine technisch-strategische Kompetenz, die ihn diese hohen militärischen Grade erklimmen liess und weniger seine Durchsetzungsfähigkeit gegenüber Konkurrenten und Untergebenen. Sein ganzer Habitus atmete eigentlich immer etwas Unmilitärisches.

Harry Truman. Trumans Charakter stellte auch die Experten, die in beurteilen sollten, vor ein Problem. In der R&F-Studie heisst es hierzu lapidar: „Das ist eine dieser Situationen, wo man die Bedeutung der Skalen hinterfragen könnte." Sie liefern drei interessante Zitate aus ganz unterschiedlichen Quellen, die ein erhellendes Licht auf Trumans Persönlichkeit werfen:

- Er hat gesunden Menschenverstand und persönliche Anständigkeit („a man of common sense and personal decency").
- Er ist hauptsächlich damit beschäftigt, Recht zu haben („concerned with being right") und nicht damit, das Rechte zu tun („getting the right things done").

- Er hält zu den Leuten, auch wenn diese in Verruf geraten („standing by people who were guilty as hell").

Es werden hier meines Erachtens genau diese drei fraglichen Merkmale Offenheit, Rigidität und Verträglichkeit thematisiert und beantwortet – und zwar in eine Richtung, wie sie die Planeten weisen!

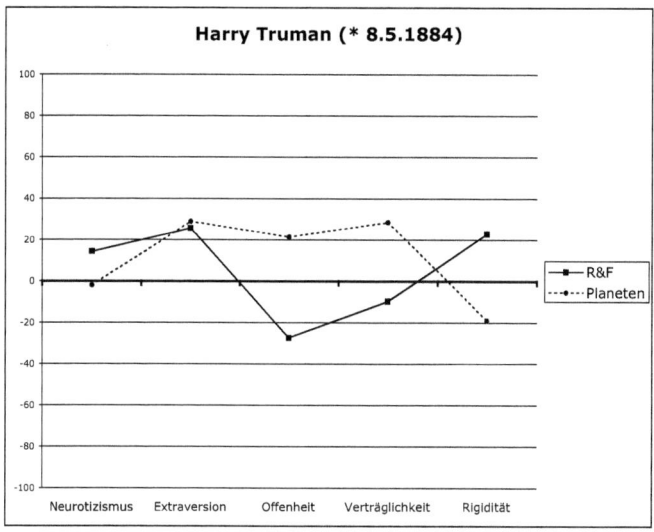

Bei Harry Truman sind die Abweichungen bezüglich des Charakterprofils sehr deutlich, nämlich bei den Merkmalen Offenheit, Verträglichkeit und Rigidität.

Truman erhielt wohl vor allem deshalb tiefe Werte bei der Offenheit, weil er von provinziell-konservativer Gesinnung war und beispielsweise nichts von moderner Kunst oder überhaupt einem modernen Lebensstil hielt (wie die meisten seiner Landsleute übrigens auch). Truman hielt aber mit seiner

Meinung zu gewissen Themen nicht zurück, was natürlich nicht dazu geeignet war, eine gewisse intellektuelle Elite mit einem progressiv-toleranten Selbstbild zu beeindrucken. Es gibt aber klare Indizien, die für Trumans offenen Charakter sprechen: so etwa der eingangs zitierte „common sense", welcher ja auf Pragmatismus und damit Offenheit für alternative Lösungen hinweist. Er war weitgehend frei von Vorurteilen und hielt sich auch als Präsident mit einer vorschnellen eigenen Meinung zurück und vertraute dagegen sehr dem Rat seiner Stabsmitarbeiter. Er war fähig, seine hergebrachten Vorstellungen gegen neuere Einsichten einzutauschen, und das schien erstaunlich für einen Provinzler aus Missouri. Auch seine grosse Liebe zur Musik und zu klassischer Literatur ist hier erwähnenswert. Er war ein leidenschaftlicher und guter Pianospieler und auch ein eifriger Leser von frühester Jugend an.

Dass er spannenden und spontanen Erfahrungen nicht abgeneigt war, erhellt sich aus der kleinen Geschichte vier Monate nachdem er vom Weissen Haus Abschied genommen hatte: Einer Einladung zu einem offiziellen Anlass in Philadelphia folgte er gerne, aber nicht etwa indem er die amtlich zur Verfügung gestellte Transportgelegenheit in Anspruch nahm, sondern indem er sich mitsamt Ehefrau in sein Auto setzte und die Reise aus dem tiefsten Mittleren Westen in Richtung Ostküste auf eigene Faust unter die Räder nahm. Bei dieser Gelegenheit besuchte er auch gleich noch New York und Washington und machte natürlich an vielen kleineren Orten unterwegs Station, was diese lustige Privatreise eines Ex-Präsidenten unvermeidlich zu einer Mediensensation machte. War Truman wirklich so dickschädelig, wie er dem Publikum präsentiert wurde und wie es auch die R&F-Gutachter sahen? Da sind doch einige Zweifel angebracht.

Auch bei der Verträglichkeit wurde er in der R&F-Studie relativ tief bewertet, was vielleicht seiner dezidierten Meinungsäusserung zu gewissen Themen geschuldet ist. Sein berühmter Spruch „Wenn du die Hitze nicht aushältst, dann gehst du besser raus aus der Küche!", scheint auf einen unsentimentalen und undiplomatischen Charakter schliessen zu lassen. Aber sein Regierungsstil war bekanntermassen umgänglich, unprätentiös und vertrauensvoll – also vor allem für seine engsten Mitarbeiter gut verträglich. Dass ihm Loyalität viel bedeutete und er diese auch vorlebte, das erhellt auch das eingangs erwähnte Zitat („standing by people").

Im Gegensatz zu dem, was die Planeten sagen, sieht die R&F-Studie bei Truman eine hohe Rigidität ausgebildet; in der Tat galt er als hart arbeitender, pflichtbewusster Mann, der seinem Gewissen gehorchte. Er war „the man in charge", und deshalb stand auf seinem präsidialen Schreibtisch ein Täfelchen, welches jedem Besucher beschied, dass hier an diesem Punkt das Weiterreichen von heissen Kartoffeln und anderen unliebsamen Verantwortungen ein Ende hatte: „The buck stops here!". Das tönt zwar gut und ging als guter Spruch rund um die Welt (wie auch der Spruch mit der heissen Küche) – aber genau diese „lockeren Sprüche", die eben nicht locker, sondern eher inszeniert waren und die man auch schon mal wie eine Monstranz vor sich her tragen konnte, sind ein klares Zeichen dafür, dass Truman kein rigider Mensch war, denn hier war wohl eher Eitelkeit als Pflichtbewusstsein im Spiel. Der Vorwurf an Truman, er kümmere sich vor allem darum, recht zu behalten anstatt das Richtige zu tun („concerned with being right" vs. „concerned with getting the right things done"), hat wohl seine guten Gründe. Ein wirklich rigider, seinem Gewissen verpflichteter Mensch stellt nämlich keine unübersehbaren und effekthascherischen Spruchtäfelchen auf seinen Bürotisch, vielmehr werden seine moralischen und ethischen Kriterien, nach denen er entscheidet, für Aussenstehende zunächst einmal (und vielleicht für immer) unsichtbar sein. Man erkennt den rigiden Menschen an einer gewissen Systematik des Denkens und Handelns. Aber Truman war eben gerade kein systematischer Denker und Lenker, sondern eher ein taktisch geschickt operierender Opportunist, was in seiner sensationellen Wiederwahl von 1948 besonders gut zum Ausdruck kam: Von allen abgeschrieben, mit niedrigen Umfragewerten scheinbar hoffnungslos abgeschlagen, gewann er völlig überraschend gegen den Republikaner Dewey. Die Zeitungen mit der Schlagzeile „Dewey schlägt Truman" waren schon gedruckt – aber es kam anders!

Leute mit hoher Rigidität sind idealerweise Verstandesmenschen, solche mit tiefer Rigidität sind mit Vorteil Instinktmenschen. Truman hatte ebenso grossen politischen Instinkt wie beispielsweise ein Bill Clinton - andernfalls wäre es ihm nicht möglich gewesen, die (publizierte) Publikumsmeinung zu seiner Person im Wahljahr 1948 im letzten Augenblick noch einmal zu seinen Gunsten zu kehren.

Theodore Roosevelt. Bei Theodore Roosevelt („TR") betrifft die Diskrepanz zwischen dem planetaren Charakter und den R&F-Werten die Verträglichkeit. Die Experten schätzten TR als ziemlich unverträglich ein; aufgrund der Planetenwerte hingegen müsste man diesem Präsidenten eine durchaus passable Verträglichkeit zubilligen. Was stimmt nun? Das Ausmass an Verträglichkeit ergibt sich aus der Summe ihrer Facetten: Vertrauen, Direktheit, Nachgiebigkeit, Bescheidenheit, Warmherzigkeit.

Es ist ganz klar, dass TR alles andere als bescheiden war - ja seine grandiose Unbescheidenheit ist das zentrale Thema zahlreicher Anekdoten. Dieser eine spezielle Charakterzug war derart ausgeprägt, dass er zwangsläufig das Gesamturteil der Experten beeinflussen musste, weil er nämlich die anderen Facetten dieses Persönlichkeitsmerkmals überstrahlte. Aber TR war zweifellos ein Mann, dem man vertrauen konnte, und der auch anderen vertraute. Und da war auch nichts Falsches an ihm: er war direkt und unverblümt. Natürlich gibt es da diesen berühmten Spruch von ihm: „Sprich sanft, aber trage einen grossen Knüppel!" Diese Weisheit zeugt aber eher von grosser Menschenkenntnis als von Hinterhältigkeit.

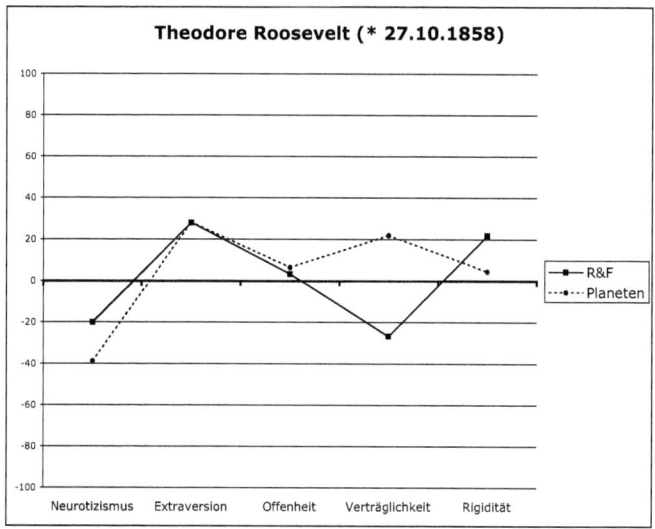

Doch wie stand es generell um seine Menschenliebe und um seine Warmherzigkeit? Um dies zu beurteilen sollte man vielleicht weniger sein Privatleben betrachten als vielmehr seine konkrete Politik als Präsident. Und da wird man doch erstaunliches finden: er war der erste Präsident, der sich vehement für die Belange der Arbeiter und gegen die Interessen des Big Business einsetzte. Er war an sozialen Reformen interessiert, und auch die Frauenrechte waren ihm wichtig. Gerade bei TR kann diese politische Agenda nicht einfach nur aus Opportunismus und Anbiederung an den Zeitgeist erklärt werden (denn das hatte er nie nötig), hier war vielmehr seine ganze Persönlichkeit involviert. In seiner Aussenpolitik machte er zwar oft den Eindruck eines Kriegshetzers, aber auch hier überstrahlen die schaurige

Geschichte mit seinen „Rough Riders" und einige gewagte militärische Expeditionen im Rückblick die wahren Motive seines Tuns. So wird es nämlich kaum ein Zufall sein, dass er für seinen Vermittlungserfolg im Russisch-Japanischen Krieg mit dem Friedensnobelpreis geehrt wurde.

TR macht es uns bei der Beurteilung seines Charakters eben nicht einfach: seine insgesamt sehr starke Persönlichkeit, seine unglaubliche Energie in allem, was er tat, sein an Leichtsinn grenzender Mut, dazu seine grossartigen intellektuellen Fähigkeiten lassen kaum einen Blick auf seinen Charakterkern zu. Bei TR kommt eine Komplikation hinzu, die mit seiner Familiengeschichte und mit seiner persönlichen Entwicklung, insbesondere was seinen Ablösungsprozess betrifft, zu tun hat. Möglicherweise reichen zur Erklärung seiner Persönlichkeit einfache Charaktermodelle nicht mehr aus, sondern es müssten eher psychosomatische Erklärungsmuster herangezogen werden. TR war nämlich bis zu seinem Auszug von zuhause – einer wohlhabenden Patrizierfamilie – ein schwächliches asthmatisches Kind. Man weiss von Asthmatikern, dass sie durch die Ablösung aus belastenden Bindungen und Verstrickungen eine Art Heilung erfahren können, mit der dann aber oft auch eine Persönlichkeitsveränderung einhergeht. Schon seine Zeitgenossen gewannen den Eindruck, dass hier jemand zeitlebens seine verpasste Jugend nachholen wollte. Ein britischer Diplomat und Freund der Roosevelt-Familie meinte dazu trocken: „Man muss sich immer in Erinnerung rufen, dass der Präsident etwa sechs Jahre alt ist ..." Noch als Pensionär räsonierte TR über eine misslungene Expeditionsreise, die ihm fast das Leben kostete: „Ich musste gehen. Es war meine letzte Chance, ein Bub zu sein."

William Taft. Der Präsident mit dem wahrscheinlich tiefsten Wert für Offenheit war William Howard Taft (Jackson läuft hier ausser Konkurrenz, da seine biografischen Daten suspekt sind), der die undankbare Aufgabe hatte, in die allzu grossen Fussstapfen von Teddy Roosevelt treten zu müssen.

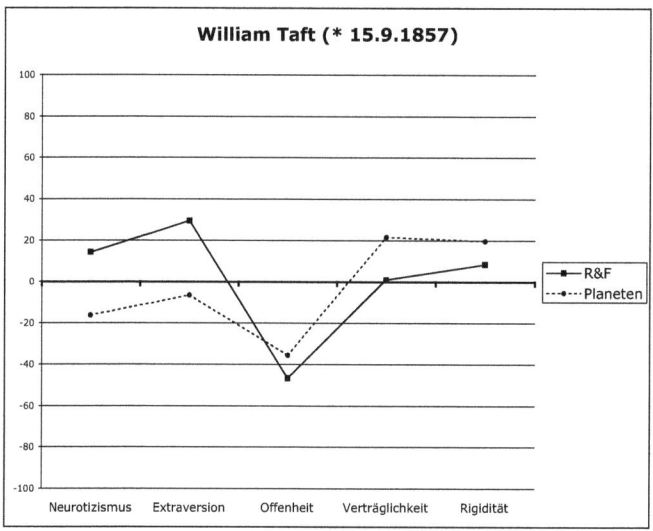

Taft wird oft als schwacher und untätiger Präsident dargestellt, der neben dem charismatischen Roosevelt natürlich verblassen musste. Eine genauere Analyse zeigt aber ein etwas anderes Bild: Taft war wahrscheinlich einer der effizientesten Präsidenten Amerikas, denn er setzte gesetzgeberisch um, wovon Roosevelt nur schwätzte (so in der Anti-Trust-Gesetzgebung). Tafts Präsidentschaft war in der Tat eine Amtsführung der ruhigen Hand – unaufgeregt, unbeirrbar, ergebnisorientiert, aber eben auch völlig unsensibel für die politischen Befindlichkeiten rund um ihn herum.

Für Taft stand das Gesetz über der Politik, insofern war er ein sehr atypischer Politiker, denn diese sehen das bekanntlich meist etwas anders. Er war eigentlich Präsident wider Willen und wollte vor allem Oberster Bundesrichter werden, was ihm ja dann auch gelang, als er 1921 von Harding dazu ernannt wurde. Mit seiner Unbestechlichkeit, Unbeirrbarkeit und der Sache und dem Gesetz verpflichtenden Vorgehensweise war Taft zweifellos die ideale Besetzung für das höchste Richteramt. Roosevelt hingegen suchte immer das Spiel mit der Öffentlichkeit und mit der Presse und war sich auch nicht zu schade, hinterhältige Rufmordattacken gegen Taft zu reiten, als dieser es wagte, das Roosevelt'sche politische Legat in Frage zu stellen.

Man fragt sich, wie die Experten der R&F-Studie dem eher öffentlichkeitsscheuen Taft eine hohe Extraversion bescheinigen konnten. Der astrologische Befund ist hier offensichtlich näher an der Wahrheit, und dies gilt auch für den Neurotizismus: Taft war ein sehr unaufgeregter Präsident, was auf eine gute „Erdung" hinweist.

Bezüglich der Offenheit lässt sich übrigens feststellen, dass in den Augen der Gutachter positive Werte fast immer positiv (d.h. „erwünscht") assoziiert sind und negative Werte entsprechend negativ bzw. „unerwünscht". Das führt natürlich dazu, dass die politisch rechts stehenden Gegner der linksliberalen Intelligenzia gerade in diesem Aspekt immer abgestraft werden: nämlich konservativ, verstockt, unbelehrbar und neuerdings auch „Leugner" zu sein. Doch gerade das Beispiel von Taft zeigt etwas anderes: dass ein tiefer Wert für Offenheit eben auch für Prinzipientreue stehen kann, und dies unabhängig von der politischen Gesinnung, es sei denn, man verorte Wankelmütigkeit genuin im linken politischen Spektrum.

Bewertung der Befunde

Das Big-5-Modell beleuchtet nur einen Teil der menschlichen Persönlichkeit, und vielleicht sogar einen relativ unbedeutenden Teil. Unter diesem engen analytischen Blickwinkel betrachtet, können Persönlichkeitsäusserungen – gerade von starken Persönlichkeiten – mitunter völlig falschen Charaktermerkmalen zugeordnet werden. Das ist eigentlich unvermeidlich: Der Charakterschrank hat quasi zu wenig Schubladen, um all die Befunde archivgerecht versorgen zu können. Und anstatt auf einen interessanten Befund zu verzichten, versorgt man ihn lieber in der am wenigsten unpassenden Schublade.

Schauen wir auf unsere Beispiele zurück, die im Vergleich als Abweichungen zwischen R&F-Studie und den astrologischen Befunden ins Auge springen, dann kann man zumindest feststellen, dass die R&F-Befunde nicht zwingend überzeugender sind - im Gegenteil: die planetarischen Charakterbilder sind mindestens ebenbürtig, wenn nicht sogar plausibler. Jedoch waren die Interpretationen, mit denen ich die Abweichungen zugunsten der planetarischen Werte zu erklären versuchte, auch nicht frei von Willkür. Aber das ist die Schwäche jeder Ferndiagnose: Welchem Detail – und sei es auch nur anekdotisch – gebe ich welches Gewicht? Auch für die Experten stellte sich die Situation nicht anders dar. Und selbst wenn sich die Experten in der Bewertung eines Merkmals einmal weitgehend einig waren (oft waren sie es ja nicht), dann konnte es immer noch sein, dass sie sich vom selben, falsch gedeuteten Aspekt in die Irre führen liessen. Da die Experten die untersuchten Präsidenten ja auch nicht persönlich kannten, waren sie notgedrungen auf entsprechende Literatur angewiesen: Biografien, geschichtliche Abhandlungen, archiviertes Pressematerial und dergleichen. Sie werden daher sehr oft aus derselben Quelle geschöpft haben und mussten zwangsläufig zu einem ähnlichen Ergebnis kommen – und in dem einen oder anderen Fall werden sie da auch einer falschen Fährte aufgesessen sein.

Aus Sicht der Astro-5 ist der durchschnittliche Charakter der US-Präsidenten eine Kurve mit nur schwacher Auslenkung nahe der Null-Linie.

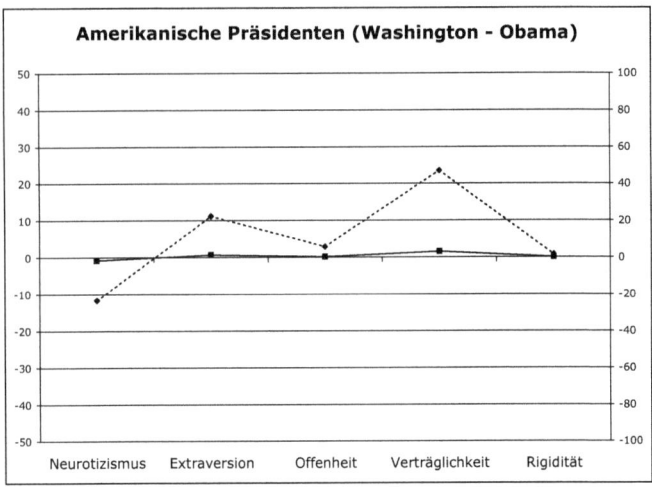

Es wurden hier alle Präsidenten ausgewertet, also nicht nur diejenigen aus der R&F-Studie. Man erkennt hier auch sehr gut, wie die relativen Werte stark hervorstechen, wenn die absolute Kurve sehr flach ist. Jede kleine Abweichung von der Null-Linie äussert sich in einem starken Ausschlag des entsprechenden relativen Werts. Und die Kurve ist auch deshalb sehr flach, weil sie schon auf die Zufallsstichprobe geeicht ist (siehe oben). Man kann dieses Bild so interpretieren, dass über lange Frist gesehen kein bestimmter Charaktertyp das amerikanische Präsidentenamt dominiert, sondern dass sich die verschiedenen Charaktere abwechselnd ausgleichen. Bei genauerem Hinsehen und nach adäquater Gewichtung der

Rohdaten erkennt man freilich, dass der „flache Durchschnitt" vor allem dank der wenigen extrem saturnischen Ausreisser (Nixon, Hoover, Coolidge) zustande kommt. Wenn wir diese starken „Saturniker" weglassen, dann erhält man für den typischen bzw. durchschnittlichen US-Präsidenten eher tiefe Werte für Neurotizismus und Rigidität und erhöhte Werte für Extraversion und Offenheit. Es sind dies vermutlich signifikante Signale für Resilienz und geben somit das Muster für soziale „Alpha-Tiere", wie wir noch sehen werden.

Wenn wir die drei Merkmale Neurotizismus, Extraversion und Rigidität herausschälen und zueinander in Beziehung setzen, dann erkennt man sofort, dass die Extraversion praktisch reziprok zu den beiden anderen Merkmalen ist, d.h. diese Merkmale sind jeweils stark korreliert (positiv zwischen Neurotizismus und Rigidität, negativ zwischen diesen beiden und der Extraversion).

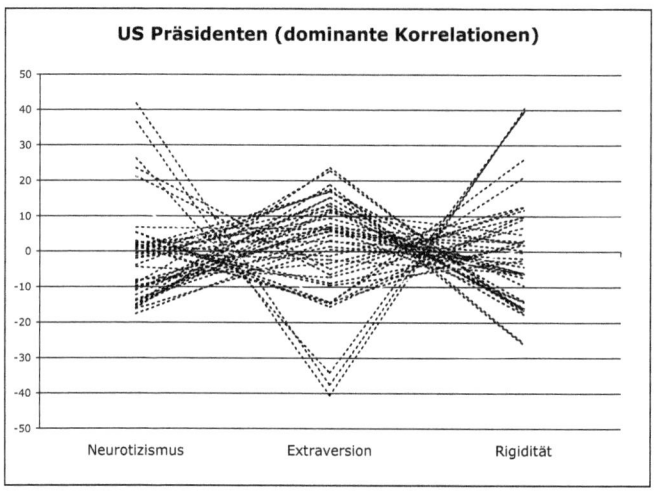

Man sieht, wie die Kurven zwischen Neurotizismus und Extraversion einerseits und zwischen Extraversion und Rigidität anderseits quasi „übers Kreuz" laufen. Neurotizismus und Rigidität sind offenbar Antagonisten der Extraversion.

Diese Befunde sind wichtig, weil sie uns in der Vermutung bestärken (eine Vermutung notabene von Psychologen und nicht von Astrologen), dass die Big-5 nicht wirklich voneinander unabhängige Charaktermerkmale umschreiben, sondern dass sie auf verschiedenste Weise korreliert sind, dass also bei einem Vorhandensein von einem Merkmal „A" fast immer auch auf die Anwesenheit bzw. Abwesenheit des Merkmals „B" geschlossen werden kann. Und wenn diese Korrelationen schon auf der abstrakten Ebene der Big-5 nachgewiesen werden können, dann kommen sie bei den Facetten um so mehr zum tragen. Diese Zusammenhänge sollten wir immer im Auge behalten.

Was ist denn beispielsweise der wesentliche Unterschied zwischen einem Introvertierten und einem Extravertierten? Wenn wir etwa daran denken, dass die psychologisch bedingten Aktionen und Reaktionen von innen nach aussen wirken – also zuerst innen – dann könnte sich der Unterschied auch in kleinen, zunächst kaum wahrnehmbaren Verhaltensweisen zeigen. Die Anzahl der Freunde etwa wäre dann nur ein sekundäres Unterscheidungskriterium, primär prägend wäre jedoch die Art, wie wir auf Herausforderungen reagieren: Blicken wir zuerst nach innen und suchen dort die Lösung (Selbstbefragung, Introspektion), oder gehen wir spontan nach aussen und holen uns Rat bei Freunden, Verwandten, Bekannten und allenfalls sogar Fremden? Wer nach dem zweiten Schema tickt, wird vermutlich im Verlauf seines Lebens mehr Freunde gewinnen und auch behalten. Und wenn dann der Introvertierte doch noch Rat von aussen holt, dann hat er aber schon einen inneren Befragungsprozess durchgemacht, den der Extravertierte vermutlich nicht absolviert hat. Das sieht man natürlich nicht sofort, weil es sich eben um innere Vorgänge bzw. Nicht-Vorgänge handelt. Über längere Sicht wird man freilich den Introvertierten daran erkennen, dass er weniger Rat von aussen holt, weil er viele Probleme schon mit sich selbst ausmachen konnte. Damit verzichtet er mehr oder weniger freiwillig auf viele soziale Kontakte.

Oder der scheinbar antagonistische Zusammenhang zwischen Neurotizismus und Extraversion: gibt es hier vielleicht eine Kausalbeziehung, die physiologisch bedingt ist? Bei ausgeprägtem Neurotizismus sehen wir als wirksame Facetten Angst und Verletzlichkeit, der Extravertierte sehnt sich dagegen nach Aktivität und Vergnügen. Nun bedenken wir folgendes: überbordende Aktivität und Abenteuertum sind ja oft nicht ganz ungefährlich und können demzufolge Verletzungen und Schlimmeres nach sich ziehen. Warum sollte sich das jemand freiwillig antun? Der neurotizistisch geprägte Mensch tut es vermutlich nicht. Könnte dies mit unterschiedlicher Empfindsamkeit und letztlich sogar Wahrnehmungsfähigkeit zu tun haben? Vielleicht genügen dem „Neurotiker" schon kleine Reize, um starke Empfindungen zu haben? Wohingegen der „Resiliente" stärkere Reize benötigt, so dass er „aus sich heraus" muss, also z.B. in die Welt der Gefahren, um emotional ausreichend berührt zu werden, und damit automatisch zum Extravertierten wird!

Bei hohem Neurotizismus ist die fehlende Resilienz gegenüber Stress ein wichtiges Kriterium – oder andersrum: wer sich wie Extravertierte freiwillig hohem Stress aussetzt, der ist vielleicht einfach nur stumpf gegenüber subtilen Reizen. Die biologistische Medizin führt eine hohe Stressresistenz auf eine optimales Hormongleichgewicht zurück („Stresshormone"). Die damit beglückten Individuen erringen dann oft den Rang eines Alphatiers innerhalb einer Gruppe. Aber was ist hier Ursache, was Wirkung? Was wenn die Hormonausstattung auch durch die astrologische Konstellation verursacht wäre?

Bei der Erörterung von Charakteraspekten und ihren Details darf man das Bild der ganzen Persönlichkeit nie aus den Augen lassen. Die Persönlichkeit ist ein integrales Ganzes, und die Big-5 und ihre Facetten sind einzeln aufblitzende Fenster im Kaleidoskop der Seele.

Fragen und Hypothesen

Bei den folgenden Untersuchungen gehe ich von der Annahme aus, dass die aus den Planetenkonstellationen errechneten Charaktermerkmale mindestens so treffsicher sind wie die von Experten abgegebenen Urteile, dass man also gewisse Aspekte des menschlichen Charakters allein aus astrologischen Gegebenheiten erschliessen kann. Wir werden somit diese neue astrologische Methode auf andere Persönlichkeiten anwenden, zu denen vermutlich noch keine so ausgiebigen Charakterstudien vorliegen, wie das bei den amerikanischen Präsidenten in Form der R&F-Studie der Fall ist. Das heisst, wir werden die Beantwortung der Frage, ob nun das neue astrologische Charakterbild die untersuchte Persönlichkeit treffend beschreibt oder nicht, aufgrund sorgfältigen Abwägens der vorhandenen biografischen Daten selbst beantworten müssen. Dabei ist immer in Erinnerung zu rufen, dass wir hier nicht beliebige Fähigkeiten und Neigungen in irgendeiner Art messen - es dreht sich vielmehr alles um die Ausgangslage dieser Untersuchung: nämlich um die Charakterisierung der amerikanischen Präsidenten hinsichtlich ihrer Big-5 in der R&F-Studie und den damit allenfalls korrelierenden Planetenkonstellationen bei ihrer Geburt.

Die einzig zulässigen Feststellungen betreffen somit immer die Ausprägungen der Big-5 einer Person: Neurotizismus, Extraversion, Offenheit, Verträglichkeit und Rigidität. Wir fragen also beispielsweise nicht, ob Helmut Kohl ein guter oder schlechter Kanzler war, ob seine Politik erfolgreich war oder nicht; wir müssten in seinem Fall vielmehr versuchen, hinter die von Sachzwängen gestützte Fassade der Tagespolitik zu schauen, um den persönlichen *modus operandi* seiner Amtsführung zu erkennen.

Aber es stellen sich immer noch schwierige Fragen: soll man sich etwa bei öffentlich bekannten Personen eher auf ihr öffentliches Wirken beschränken oder auch versuchen, ihre Rolle als Privatperson auszuleuchten? In welcher Rolle kommt der Charakter besser zur Geltung? Im Rahmen dieser Untersuchung konnte ich mich nur auf öffentlich zugängliche Daten abstützen, und diese betreffen in erster Linie die öffentliche Rolle (zumal private Daten sehr unterschiedlich verfügbar sind). Für einige Persönlichkeiten gibt es Biografien mit reichhaltigem privatem Material, für andere nicht. Wie wichtig private Details sind, ersieht man aus der R&F-Studie: nicht zuletzt sind es kuriose Anekdoten, die den Ausschlag für eine Charakterisierung geben können.

Es ist allerdings auch zu bedenken, dass in der vorliegenden Untersuchung nicht die einzelnen Personen im Vordergrund stehen, sondern jeweils Gruppen von Personen, dass wir also Gleiches mit Gleichem vergleichen wollen: Wie stehen die verschiedenen deutschen Kanzler im Vergleich zueinander da, wie die Mitglieder eines Kabinetts untereinander? Hier gilt es dann, einen Schritt zurückzutreten, um sich ein Bild von der ganzen Gruppe zu machen. Es geht dann nicht mehr nur um die Frage, ob das Charakterprofil für eine bestimmte Person stimmig ist, sondern ob es im Vergleich zu einer anderen Person *relativ* stimmig ist. Wenn wir etwa deutsche Bundeskanzler miteinander vergleichen, dann ergibt das einen Querschnitt über die Zeit (so wie bei den US-Präsidenten auch und dort noch extremer). Nun haben aber beispielsweise Adenauer und Schröder unter ganz anderen gesellschaftlichen Bedingungen politische Karriere gemacht, und während ihrer Amtszeit herrschte jeweils ein ganz anderer Zeitgeist. Wie kann man die beiden Persönlichkeiten überhaupt miteinander vergleichen? Die Teilnehmer an der R&F-Studie standen letztlich vor demselben Problem, und ob sie es lösen konnten, muss letztlich jeder Leser dieser Studie für sich selbst entscheiden. Ihr Vorteil war immerhin, dass über die amerikanischen Präsidenten sehr umfassendes biografisches Material vorhanden ist, das es in dieser detaillierten Form für andere Personengruppen nicht gibt. Die Ausgangslage bei unserer Untersuchung ist auch insofern eine andere, als jetzt nicht mehr Experten sich zum Charakter einer Person äussern, sondern die Planeten in ihren unbeeinflussbaren Bahnen: Das daraus erstellte Profil ist entweder einigermassen stimmig (soweit wir die betreffende Person beurteilen können) - oder eben nicht. Ich werde versuchen, Interpretationshilfen zu leisten, aber letzlich muss jeder Leser für sich selbst zu einem Urteil über die Treffsicherheit der astrologischen Methode kommen.

Welche Personengruppen eignen sich überhaupt für eine solche Untersuchung? Politiker sind wahrscheinlich am meisten dazu geeignet, weil sie allein schon kraft ihres Amtes bzw. ihrer Funktion „öffentliche" Personen sind und sich somit mit ihrer ganzen Persönlichkeit während ihrer ganzen Laufbahn einbringen müssen. Erfolgreiche Politiker haben zudem meist eine lange Karriere vorzuweisen, in deren Verlauf die charaktertypischen Verhaltensmerkmale irgendwann ihre unverwechselbaren Spuren hinterlassen. Weniger geeignet für eine solche Untersuchung sind aus offensichtlichen Gründen Schauspieler, da das Bild, das wir von ihnen haben, in erster Linie durch die schauspielerischen Rollen geprägt sein dürfte. Auch verdiente Persönlichkeiten aus Kunst und Wissenschaft sind hinter ihren Werken und ihrer Leistung oft nur schwer zu erkennen. Oder müsste man etwa bei Künstlern vielleicht das Werk und nicht den Menschen betrachten, um ein Urteil über ihren Charakter abgeben zu können? Auch bei Unternehmern geht die Person meist völlig in der unternehmerischen Tätigkeit auf, und was sich in den Chefetagen abspielt, verlässt nur selten die Sphäre der Geheimhaltung. Bei Sportlern ist man mit dem Problem konfrontiert, dass ihr sichtbares Wirken nur eine relativ kurze Zeitspanne umfasst, und dass ihr Leben nach dem Ende der Karriere oft völlig vom Radar der öffentlichen Wahrnehmung verschwindet. Wir werden somit in der folgenden Untersuchung vor allem Politiker unter die planetarisch-charakterliche Lupe nehmen, was um so angezeigter ist, als die Datenbasis ja auch von Politikern stammt. Darüber hinaus werde ich einige weitere prominente Personen aus verschiedenen gesellschaftlichen Bereichen präsentieren. Der Vorteil von Prominenz ist, dass man seinen charakterlichen Neigungen auch unter den Augen der Öffentlichkeit bedenkenloser nachgeben kann als wenn man nur ein unbeachtetes Rädchen im sozialen Getriebe ist.

Wenn wir Gruppen untersuchen, dann stellt sich immer die Frage der Grösse und Zusammensetzung einer Gruppe. Sie sollte gross genug sein, um mit ihr sinnvolle Statistik betreiben zu können, und sie sollte homogen genug sein, damit Gleiches mit Gleichem verglichen werden kann. Das Amt des Bundeskanzlers in Deutschland ist so einsam und exponiert wie dasjenige des Präsidenten in Amerika – es gibt als Person immer nur ein Exemplar davon zu einer gegebenen Zeit. Diese Gruppen leiden daher an einer Inhomogenität bezüglich der Epoche: Ein Adenauer erlebte eine ganze andere Art von Sozialisation als etwa ein Schröder. Wenn wir von astrologischen Einflüssen auf den Charakter sprechen - oder konkreter: wenn wir einen solchen Einfluss annehmen -, dann stellt sich ja immer noch die Frage, wie gross allenfalls dieser Einfluss wäre etwa im Vergleich zum Einfluss des sozialen Umfelds (Elternhaus, Schule usw.) oder zur erblichen Disposition.

Werden astrologische Charakterbilder vererbt? Zurzeit ist die Genetik gerade dabei, sich von der Theorie der reinen Vererbung nach darwinistischen Gesetzen zu verabschieden. Das neue Paradigma heisst Epigenetik, in dessen theoretischem Rahmen die Möglichkeit diskutiert wird, inwieweit erworbene Verhaltensweisen unmittelbar auf das genetische Material zurückwirken, d.h. in welchem Mass mein Erbgut nicht nur von der Erbmasse meiner Vorfahren, sondern auch von meiner eigenen Lebensweise und den Lebensumständen meiner Eltern abhängt. Und wenn wir von das Genom modifizierenden aktuellen äusseren Einflüssen reden, dann dürfen wir natürlich die Astrologie nicht vergessen. Es könnte also durchaus sein, dass die klassischen Postulate der Astrologie im Gefolge der neuen epigenetischen Erkenntnisse wieder in ihre alten Rechte gesetzt werden.

Wir müssen hier kurz noch ein weiteres wichtiges Thema streifen, das bei Astrologen gar nicht beliebt ist und eigentlich am liebsten verdrängt wird, das aber eigentlich fundamental ist: Welches ist der wahre Zeitpunkt der Geburt? Die Frage scheint seltsam zu sein, aber sie müsste heutigen Astrologen Kopfzerbrechen bereiten! In einigen Ländern Westeuropas wird heute fast jedes dritte Kind durch Kaiserschnitt geboren, was praktisch immer eine Geburt ausserhalb des natürlichen Geburtstermins zur Folge hat. Von den anderen, „normalen" Geburten in diesen Ländern dürften viele medikamentös eingeleitet worden sein, also oft terminlich so geplant, dass die Geburt am besten in die organisatorischen Abläufe des Spitals passt. Als wirklich natürliche Geburt kann eigentlich nur die Spontangeburt gelten, wenn also nur der der Frau eigene Hormonstoffwechsel die Geburt einleitet und steuert. Auch eine künstlich eingeleitete Geburt wird meistens einige Tage vor dem natürlichen Geburtstermin zu liegen kommen. Dazu kommt, dass die von den Frauenärzten deklarierten Geburtstermine notorisch falsch, d.h. meistens zu kurz bemessen sind, so dass infolge der künstlichen Eingriffe die meisten Kinder heutzutage als Frühgeburten zur Welt kommen. Die Differenz zum natürlichen Termin kann dann schon mal eine Woche oder mehr betragen. Der Frage, was das eigentlich für die Astrologie bedeutet, weicht man geflissentlich aus oder argumentiert nebulös. Man legt sich dann einfach die entsprechende Theorie des „astrologischen Einflusses" so zurecht, dass es für alle Kunden stimmt. Würde man nur die natürliche, spontane Geburt als astrologisch aussagekräftig akzeptieren, dann dürften in Europa schon bald einmal für die Mehrheit der Bewohner keine Horoskope mehr gestellt werden.

Das Problem des astrologisch relevanten Geburtszeitpunkts ist keineswegs trivial, und es hat schon die Astrologen der Renaissance beschäftigt. Um den Zufälligkeiten und Unfällen rund um die Geburt zu entgehen, hat man auch schon den Zeitpunkt der Zeugung als ausschlaggebend für den astrologischen Impuls postuliert. Selbst wenn das der Wahrheit näher käme, würde uns dies nicht viel bringen, denn dieser Zeitpunkt ist ja noch weniger bekannt. Für die vorliegende Untersuchung ist das Thema insofern nicht so brisant, als unser „Geburtstagsmaterial" noch aus älterer Zeit stammt, als künstlich eingeleitete Geburten noch äusserst selten waren. Bei den älteren Jahrgängen ist das Risiko, dass die Geburtsdaten falsch überliefert wurden, ohnehin grösser; man hat hier also immer eine gewisse Unsicherheit. Das ist insgesamt auch dort weniger ein Problem, wo wir ganze Kohorten untersuchen, weil dann individuelle Falschangaben in den Durchschnittswerten verschwinden. Aber das Problem der Anwendbarkeit der Befunde auf Einzelpersonen speziell aus jüngeren Jahrgängen stellt sich natürlich ebenso wie für traditionelle Astrologen. Aus all diesen Gründen wurden im Rahmen dieser Arbeit nur Geburtsdaten vor 1970 ausgewertet.

Absolut oder relativ. Bevor wir in die weiteren Untersuchungen einsteigen, gilt es noch eine Frage zu klären, welche die Wirksamkeit der planetaren Konstellationen betrifft. Rein technisch gesehen lassen sich die Befunde auf zweierlei Art darstellen: absolut oder relativ.

Astronomisch gesehen entspricht der Unterschied zwischen der absoluten und der relativen Auslenkung in einem Astro-5-Diagramm der Stellung der Planeten: Wenn beispielsweise sechs von sieben Planeten in Konjunktion sind, dann ist der im Abstand von vielleicht nur dreissig Grad befindliche siebte Planet zwar absolut gesehen nicht weit von den anderen entfernt, jedoch relativ gesehen steht er ziemlich einsam zu seinen anderen sechs Kollegen. Ich will diese Thematik am Beispiel eines bekannten Regisseurs und Schauspielers illustrieren, dessen Privatleben auch hinreichend öffentlich ausgebreitet ist:

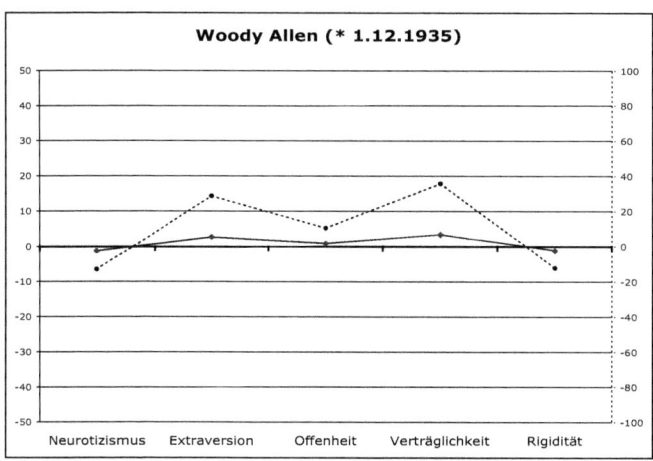

Die absolute Kurve (durchgehend, linke Skala) schlängelt sich relativ flach und unauffällig nahe der die Null-Linie; somit ein Profil nahe am Durchschnitt mit nur unbedeutenden Abweichungen. Das relative Profil (gestrichelt, +/-100%, rechte Skala) zeigt jedoch ziemlich starke positive Betonungen von Extraversion und Verträglichkeit. Die entscheidende Frage hier lautet demnach: Würden wir dieser Person eher das schärfere (relative) Profil zubilligen oder lieber das ausgeglichene (absolute)?

Ich habe hier allerdings ein zwar sehr prominentes, aber vielleicht schlechtes Beispiel gewählt: Der Blick auf Woody Allens künstlerisches Schaffen – er hat ja in allen seinen Filmen selbst die Hauptrolle gespielt, war also Regisseur und Schaupieler zugleich – verstellt uns wahrscheinlich die Sicht auf seinen Charakter als Privatperson. Sein relatives Profil würde ihn ja als eine stark wettbewerbsbewusste Person ausweisen (mit ausgeprägtem Sonne-Mars-Profil, wie man es oft bei Sportlern sieht). Das flache absolute Profil, das keine auspägten Charaktereigenschaften signalisiert, dürfte Woody Allens Persönlichkeit wahrscheinlich doch besser treffen.

Leute mit flachem Profil bieten charakterlich weniger Angriffsflächen und können in konfrontativen gruppendynamischen Situationen vielleicht mit mehr Akzeptanz rechnen, d.h. sie können sich auch als Vermittler zwischen Parteien positionieren und dadurch eine allseits akzeptierter Führungsrolle übernehmen. Es gibt einen weiteren Aspekt: Schauen wir die Person als Individuum an oder als Mitglied einer Referenzgruppe? Wenn in der relativen Darstellung ein oder zwei Eigenschaften im Vergleich zum durchschnittlichen Rest herausstechen, dann kann das an dieser Person durchaus auffallen, und im persönlichen Umgang werten wir es dann vielleicht unverhältnismässig stark. Ob wir jemanden als verträglich einschätzen, hängt von unserer eigenen Verträglichkeit ab und auch, wie viele andere, noch verträglichere Personen wir kennen.

Die Frage, welche der beiden Kurven die „bessere" ist, kann im Rahmen dieser Untersuchung nicht definitiv beantwortet werden. Bei beiden Methoden gibt es Argumente, die für sie sprechen, und vielleicht liegt die Wahrheit – wie so oft – irgendwo dazwischen. So sind relative Werte aus verschiedenen Wertungssystemen (also etwa R&F vs. Astrodaten) scheinbar einfacher vergleichbar, da sie sich auf dieselbe Skala (Prozent) beziehen können. Wir haben ja weiter oben jene Fälle der amerikanischen Präsidenten, bei denen die astrologisch berechneten Charakterprofile von denen der R&F-Studie erheblich abweichen, auch mittels relativer Werte verglichen. Allerdings ist das nicht ganz unproblematisch, da den Aussagen nicht dieselbe Referenzgrösse zugrunde liegt: die R&F-Werte sind relativ zur ganzen Population zu lesen, während die Astro-5-Werte die Merkmale zueinander in Beziehung setzen, nämlich als Anteil an der Summe aller Auslenkungen. In den ausgewählten Beispielen spielte dieser Bedeutungsunterschied aber keine Rolle, weil bei jedem der untersuchten Präsidenten die absoluten und relativen Kurven in den Astro-5 schon beinahe deckungsgleich sind. Das Problem akzentuiert sich ja vor allem dann, wenn die absolute

Kurve sehr flach ist, was oft grosse relative Ausschläge zur Folge hat, wohingegen bei starken Saturnikern die relative Kurve etwas gepresst ist.

Man betrachte einmal die Situation für den saturnisch veranlagten Richard Nixon (siehe unten), und man wird unschwer erkennen, dass die astrologisch berechneten relativen Werte mit jenen der R&F-Studie praktisch übereinstimmen. Ähnlich gut übereinstimmende Profile gibt es für eine ganze Reihe von Präsidenten. Die weiter oben besprochenen Abweichungen sind insofern eher die Ausnahmen. Der relative Massstab führt automatisch zu einer gewissen Uniformität der Kurven: die Spitzenwerte werden gebrochen, und die nahe an der Null-Linie liegenden Ausbuchtungen erhalten ein stärkeres Profil. So gleichen sich die Kurven automatisch an wenige Musterprofile an, so dass sie einander dann ziemlich ähnlich werden. Die absoluten Werte für Nixon sind tatsächlich viel extremer, d.h. die Spitzenwerte sind dort stark in die Vertikale gezogen.

Man muss sich hier in Erinnerung rufen, wie die Astro-5-Werte überhaupt entstanden sind: Am Anfang standen relative Charaktereinschätzungen von Experten („nur drei von 200 Amerikanern sind rigider als Carter"). Diese Einordnung erfolgte also eigentlich anhand einer Skala von +/-100%, so wie die relativen Astro-5-Werte dargestellt sind.

Es gibt aber einen triftigen Grund gegen die Bevorzugung der relativen Darstellung, und das ist zugleich der methodisch bedeutsamste: Bei sehr flachen absoluten Profilen reagiert die relative Kurve mit starken Ausschlägen gegen kleinste Veränderungen (siehe weiter oben die Durchschnittswerte der amerikanischen Präsidenten). Und das ist sehr ungünstig, zumal die hier präsentierte Methode der Astro-5 natürlich noch keine exakte Wissenschaft ist. Selbst wenn es sich herausstellen sollte, dass die Methode im Prinzip richtig ist und korrekte Charakterzuordnungen ermöglicht, so könnte es immer noch sein, dass die hier ermittelten Korrelations- bzw. Korrekturwerte noch nicht ganz richtig sind (und davon ist auszugehen). Bei eher flachen absoluten Profilen würden aber auch kleine Veränderungen der Eingangsparameter zu starken Bewegungen in den relativen Profilen führen – und das wäre unerwünscht, da unglaubwürdig! In Einzeldarstellungen werde ich also fortan auf die Kurve mit den relativen Werten verzichten, da sonst ein irreführendes Bild entstehen könnte. Aber natürlich ist hier das letzte Wort noch nicht gesprochen, und wir werden weiter unten sehen, dass bei der Untersuchung von Kohorten (deren Durchschnittswerte tendenziell gegen die Null-Linie laufen) die relativen Werte wichtige Signale geben können.

Saturniker im Weissen Haus. Fast scheint es so, dass Saturniker charakterlich besonders leicht zu erkennen sind, was ja auch dazu führte, dass die aus der R&F-Studie gewonnen Korrelationswerte ihre stärkste Ausprägung für Saturn hatten. Richard Nixon, dessen Präsidentschaft als unglücklich bezeichnet werden kann, steht prototypisch für den Saturn-Typ.

Er war ein hart arbeitender und oft frustrierter Mann aus einfachen Verhältnissen, der sich gegen viele Widerstände hochkämpfen musste, und der die Ostküsten-Elite ebenso gehasst hat, wie sie ihn verachtete. Er war die personifizierte Antithese zu den charismatischen Überfliegern aus besserem Haus. Insbesondere gegen Kennedy im Wahlkampf 1960 sah er schlecht aus: da stand er einsam und verloren als verkniffener Provinzler, der gegen die redegewandte Lichtgestalt aus einer Familie von Grossbürgern keine Chance hatte. Dass Nixon 1968 dann doch endlich die Präsidentschaft erreichte, hat vielleicht weniger mit seinem Ehrgeiz und seiner Hartnäckigkeit zu tun, sondern mit einem veränderten Zeitgeist: Der oft unsicher auftretende Nixon war nämlich der geborene Sündenbock und somit die ideale Projektionsfläche für alles Böse der Zeit, etwa für den Vietnamkrieg, der damals auf dem Höhepunkt war und dessen katastrophales Ende sich schon abzeichnete. Im Geist der 68er-Bewegung konnte man ihn als Vertreter des Establishments beschimpfen und verhöhnen, obwohl er eigentlich nie ein Mitglied des Establishments war, sondern nur ein allzu weit nach oben gestiegener Politiker aus kleinbürgerlichen Verhältnissen. Letztlich war es dann sein wenig souveräner Umgang mit der Watergate-Affäre, der ihn sein Amt kostete, und wahrscheinlich nicht die Affäre selbst. Da fehlte dem typischen Saturn-Menschen die kaltschnäuzige Ruhe, um den Sturm des Skandals unbeeindruckt auszusitzen. Man vergleiche hier etwa, wie Clinton die hochpeinliche Lewinsky-Affäre relativ unbeschadet überstand!

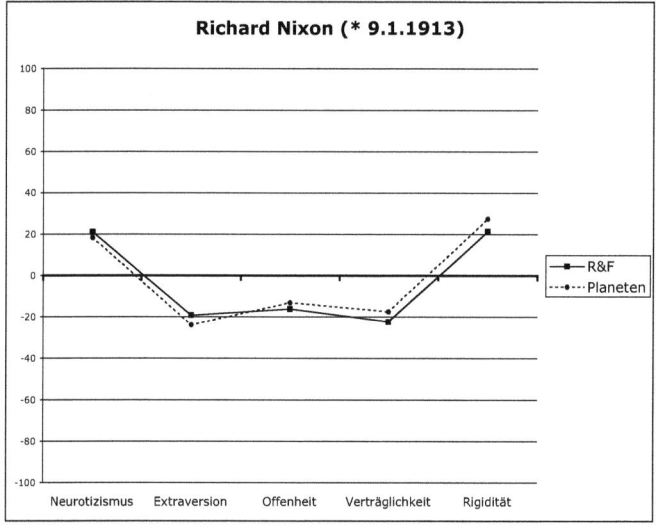

Calvin Coolidge und Herbert Hoover haben sehr ähnliche Profile wie Nixon. Zu Coolidge gibt es viele Anekdoten, die seine soziopathische Veranlagung zum Thema haben. So soll er etwa bei Empfängen zu Ehren des Präsidenten (also ihm!) auch schon öfter mal abrupt vom Tisch aufgestanden und sich kühl von seinen Gästen verabschiedet haben, sobald die Tafelgesellschaft plaudernd dazu überging, sich dem gemütlichen Teil des Abends zu widmen, nämlich dem Smalltalk bei Kaffee und Kuchen. Er inszenierte diesen gesellschaftlichen Affront jeweils mit der Bemerkung, dass er sich lieber zurückziehen und ein Buch lesen würde, als am allgemeinen Tratsch teilzunehmen. Seine Redeunlust und Wortkargheit war sprichwörtlich, weshalb er auch den Spitznamen „Silent Cal" erhielt. Wahrscheinlich ist nur ein ausgeprägter Saturn-Typ zu einem solchen Affront fähig; er kann mit mehr oder weniger unbedachten, aber vor allem unangebrachten Bemerkungen jede Party platzen lassen.

Man kann sich natürlich fragen, wie ein solch introvertierter Mensch überhaupt Präsident der USA werden konnte, zumal damals die „Roaring Twenties" zu Hochtouren aufliefen (indem man beispielsweise lustvoll die Missachtung des Alkoholverbots zelebrierte) – vielleicht gerade deshalb: ein extravertiertes Zeitalter will vielleicht eine introvertierte Führung, die sich nicht allzu sehr in gesellschaftliche Angelegenheiten einmischt (man könnte dieses Muster auch auf die Nixon-Ära anwenden). Insofern ist es wahrscheinlich auch kein Zufall, dass nach Coolidge der ebenso introvertierte, aber wenigstens nicht mehr so spleenige Hoover die Präsidentschaft antrat. Hoover war ein Technokrat, der sich seriös der nationalen Infrastruktur widmete, als seine Mitbürger gerade dabei waren, das Volksvermögen zu verzocken.

Die Summe der Facetten. Es ist übrigens durchaus nicht selbstverständlich, dass die R&F-Experten so deutlich den Saturn-Typ evozieren konnten (ohne Absicht, notabene!), denn auf der Ebene der Facetten scheinen sich zwischen

Neurotizismus und Rigidität einige Widersprüche aufzutun, so dass man nicht ohne weiteres auf eine positive Korrelation zwischen diesen beiden Merkmalen, wie sie für den Saturn-Typ charakteristisch ist, kommen könnte. Bei fünf von sechs Facetten offenbart sich der Neurotizismus quasi als das Gegenteil der Rigidität:

Neurotizismus	**vs.**	**Rigidität**
Angst	vs.	Überlegtheit
Ärger	vs.	Pflichtbewusstsein
Unsicherheit	vs.	Kompetenz
Impulsivität	vs.	Disziplin
Verstimmung	vs.	Ambition

Man kann ja wohl, so würde man meinen, nicht zugleich ängstlich und überlegt, ärgerlich und pflichtbewusst, unsicher und kompetent, impulsiv und diszipliniert, verstimmt und ambitiös sein! Aber immerhin drei US-Präsidenten entsprechen nach Ansicht der R&F-Experten diesem Muster. Hatten die Gutachter vielleicht sogar unbewusst den Typus des melancholischen Saturnikers im Hinterkopf, weil nämlich dieser schwer zu verstehende, widersprüchliche Charakter ganz einfach eine lebende Tatsache ist?

Das Problem liegt vermutlich auch auf der semantischen Ebene: Wir können uns durchaus einen „neurotisch-rigiden" Menschen vorstellen, wenn wir die scheinbar widersprüchlichen Details bei den Facetten ausblenden. An diesem Beispiel zeigt sich deutlich, dass die Facetten nicht wirklich konstituierend für den Charakter-Typ sind, sondern eher als der Vorstellungskraft dienende Gedächtnisstützen zu verstehen sind. Ein Persönlichkeitsmerkmal ist somit mehr als die Summe seiner Facetten. Man könnte den saturnischen Menschen vielleicht so umschreiben:

- Enttäuschte Ambitionen führen zu Verstimmungen (kein Wettbewerbsgeist).

- Kreative Impulse und diszipliniertes Arbeiten schliessen sich nicht aus (schubweises Vorgehen).
- Die hohe Kompetenz lässt auch Gefühle von Unsicherheit zu (keine Selbsttäuschung).
- Die Erfüllung der Pflicht löst mehr Gefühle von Ärger als von Freude aus (illusionsloses Funktionieren).
- Eine ängstliche Grundhaltung hat überlegtes Handeln zur Folge (pessimistische Weltsicht).

Die scheinbar widersprüchlichen Facetten lassen sich also durchaus kombinieren, und vor unserem geistigen Auge zeichnet sich ein spezieller Charakter ab, von dem wir wahrscheinlich sogar in unserem Bekanntenkreis ein leibhaftiges Exemplar identifizieren können. Wir lernen daraus, dass sich scheinbare Widersprüche auf der Ebene der Facetten in Form eines übergeordneten Typus durchaus vereinbaren lassen – allerdings meist unter Inkaufnahme eines „schwierigen Charakters". Der Charakter ist offenbar mehr als die Summe seiner Facetten.

Probe am Exempel. Ich werde im folgenden die Astro-5-Methode über die amerikanischen Präsidenten der R&F-Studie hinaus auf verschiedene Persönlichkeiten anwenden, um herauszufinden, ob diese astrologisch fundierte Charakteranalyse tatsächlich etwas taugt. Allerdings ist dieses Vorhaben gar nicht so einfach. Selbst wenn wir uns auf Personen beschränken, über die viele biografische Daten öffentlich bekannt sind, so müssen wir doch immer aufpassen, wenn wir die Frage nach dem Charakter stellen. Mitunter fällt es uns ja schon schwer, den eigenen Charakter oder den uns nahestehender Personen richtig einzuschätzen, wie soll es uns dann gelingen, uns persönlich nicht bekannte Leute, von denen wir nur die öffentliche Seite kennen, charakterlich einzuordnen?

Das Problem ist die selektive Wahrnehmung: Wenn ich von der Astro-5-Methode überzeugt bin, dann werde ich jedes Astrogramm in meinem Sinne zu deuten wissen, indem ich etwa selektiv Anekdoten zusammenklaube, die meiner Wunschvorstellung entsprechen. Umgekehrt genau so: Wenn ich die Methode diskreditieren will, dann werde ich immer Gegenbeispiele finden, die dem berechneten Profil widersprechen. Man muss also mit einer gewissen Vorsicht und methodisch einwandfrei an diese Untersuchung herangehen. Die wissenschaftlich beste Vorgehensweise wäre natürlich, wenn man die R&F-Studie auf andere Personengruppen ausweiten und dann schauen würde, ob die Astro-5-Daten für diese neue Gruppe mit jenen der amerikanischen Präsidenten kongruent sind. Nun kann ich aber im Rahmen dieser Untersuchung keine solche Studie präsentieren; ich vertraue eher auf das Urteilsvermögen der Leser. Jeder wird sich schon mal über den Charakter bestimmter öffentlich wirkenden Personen Gedanken gemacht haben, zumal dann, wenn diese Personen zum Beispiel als Politiker unser aller Leben beeinflussen. Es ist eben nicht ganz unerheblich, welche Charaktere an der Spitze eines Staates stehen, oder aus was für Charaktertypen ein Kabinett zusammengesetzt ist. Wenn beispielsweise der Astro-5-Befund für Ex-Kanzler Schröder lauten würde, er sei eher etwas introvertiert, dann wären wir uns wohl alle darüber einig, dass die Methode nichts taugt. Aber wie steht's mit seiner Verträglichkeit? Da die meisten von uns nie mit Gerhard Schröder persönlich zu tun hatten, lässt sich dies nicht mehr so einfach beantworten. Wer im politischen Betrieb überleben will, muss hart austeilen und einstecken können, auch wenn man privat vielleicht ganz umgänglich ist. Professionelles Gehabe und privates Empfinden brauchen nicht deckungsgleich zu sein!

Die Leserschaft ist somit aufgefordert, jedes präsentierte Profil kritisch zu betrachten und auf die Aussagekraft zu überprüfen. Stimmt das Bild in etwa oder zeigen sich eklatante Widersprüche zur eigenen Wahrnehmung? Bei jedem Astro-5-

Profil sollten ja mindestens drei von fünf Aspekten in die richtige Richtung weisen, damit man überhaupt von einer hinreichend guten Trefferquote sprechen kann. Und was ist mit den Ausnahmen: wenn also die Astro-5 in neun von zehn Fällen leidlich gut sind, aber in einem Fall gänzlich versagen? Was sollten wir dann anzweifeln: die Astro-5 oder das Geburtsdatum? Die Frage scheint seltsam zu sein, aber gerade bei deutschen Biografien mit Geburtsdaten in den schwierigen Kriegs- und Nachkriegsjahren ist sie vielleicht gar nicht so abwegig...

Für viele deutsche Lebenswege, die in jener Epoche ihren Anfang nahmen, müssen die Geburtsurkunden als „unsicher" klassifiziert werden. Die Astro-5 sind zwar ziemlich robust, was ungenaue Geburtsdaten betrifft[8], aber wie viele gefälschte Biografien entstehen in einer Zeit, wo die vermeintlichen Väter von der Front nicht mehr heimkehren? Das Problem betrifft die klassische Astrologie natürlich noch viel mehr, weil dort im Prinzip jede Stunde zählt.

---

[8] Abweichungen im Datum von plusminus 1-2 Tagen sind im Prinzip kein Problem (d.h. sie zeigen keine grossen Abweichungen in den Astro-5), und demzufolge ist auch der Geburtsort weitgehend irrelevant. Allerdings ist bei jenen Merkmalen, die stark vom Mond und seinen Aspekten beeinflusst werden, eine stärkere Varianz in der Auslenkung auch in kürzerer Zeit möglich. Der Mond verändert seine Stellung am Himmel schneller als die anderen Himmelskörper.

Zeitgenössische US-Präsidenten

Ich setze meine Untersuchungen fort mit den amerikanischen Präsidenten aus jüngster Zeit, die in der R&F-Studie nicht berücksichtigt wurden, und deren Daten somit auch nicht in unsere Korrelationsanalyse einfliessen konnten. Leider erscheinen nicht alle Präsidenten in der Gesamtauswertung der R&F-Studie, jedoch erhielten die beiden Bush (senior und junior) je noch ein eigenes Kapitel, in denen ihre Persönlichkeit, soweit die Daten es erlaubten, im Detail ausgeleuchtet wurde. Diese separaten Kapitel waren natürlich auch dem Publikum geschuldet, zumal Bush junior gerade amtierender Präsident war, als die Studie erschien, und er war zudem ein charakterlich äusserst sonderbarer Präsident, von dem das Publikum nur zu gern gewusst hätte, wir er wirklich tickt. Für seine politischen Gegner war Bush junior die reinste Witzfigur, unwürdig dieses hohe Amt zu bekleiden, eine Marionette des „Big Business" und der ihn umgebenden Finsterlinge (Cheney, Rumsfeld usw.). Und Bush jun. schien auch keine Gelegenheit auszulassen, die auf ihn zielenden Vorurteile zu bestärken. Die Anekdoten über seine peinlichen Auftritte sind Legion.

Obwohl sich also für die beiden Bush – Vater George Herbert Walker und Sohn George Walker – nicht genügend Experten für eine charakterliche Beurteilung fanden (womit ihre Charakterprofile nicht in die Endauswertung kamen), so konnten es Rubenzer und Faschingbauer dennoch nicht lassen, diese beiden sehr umstrittenen Präsidenten in eigenen Kapiteln zu charakterisieren. Sie konnten sich wohl vorstellen, dass die Leser auf jeden Fall danach verlangt hätten. Insofern kennen wir also die Big-5 von Vater und Sohn Bush, aber die Daten sind nur schwach gestützt (nämlich von jeweils weniger als drei Experten). Das soll uns aber nicht daran hindern, hier eine Probe aufs Exempel zu machen, inwiefern die Charaktereinschätzung von Experten mit dem astrologischen Befund übereinstimmt.

Bush senior. Wir sehen, dass für Bush senior nur zwei von fünf Big-5-Aspekten übereinstimmend sind zwischen der Meinung der Experten und dem astrologischen Befund. Es ist interessant zu lesen, wie Rubenzer und Faschingbauer das Urteil der beiden Experten einschätzen: mit grösster Zurückhaltung nämlich!

Das Problem ist zunächst methodischer Art: In der R&F-Studie erhalten die beiden Bush je ein eigenes Kapitel, obschon sie zu wenig Expertenmeinungen mobilisieren konnten. In der Gesamtauswertung wurden sie aber nicht berücksichtigt, d.h. die beiden separaten Kapitel waren eben nur der Neugier des Publikums geschuldet.

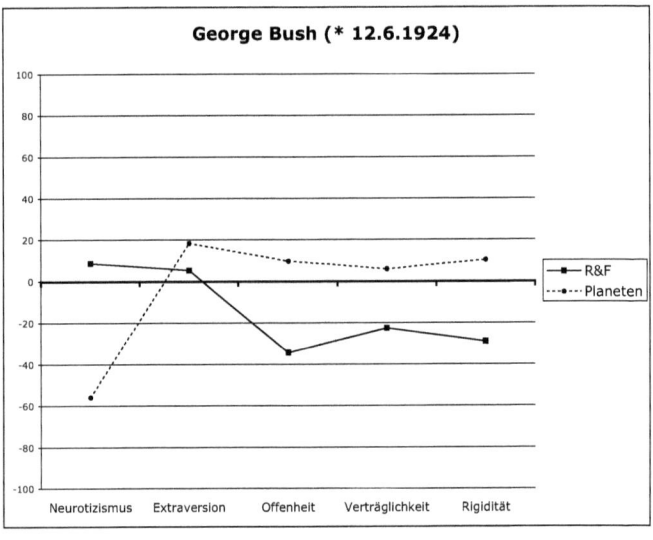

Die Autoren der Studie waren hier ganz einfach nicht konsequent. So stellen Rubenzer und Faschingbauer dann auch fest, dass die beiden Experten erstens nicht gut miteinander übereinstimmen (die Werte für Bush sind also der Durchschnitt aus lediglich zwei disparaten Datensätzen), und dass sie zweitens Bush nicht wohlgesonnen waren, indem sie etwa seine Amtsführung und seine Qualifikation als Präsident schlecht bewerteten. Es dürfte sich wohl um linksliberal gesinnte Akademiker gehandelt haben, was sich etwa darin zeigen würde, dass sie Bushs Offenheit gnadenlos tief bewerteten. Dies ist ein gängiges Schema: Aus linksliberaler Sicht sind alle Republikaner grundsätzlich *nicht* „offen für Neues", sondern fast ausnahmslos hinterwäldlerische, rückständige Banausen. Wer sich selbst als „progressiv" versteht – eine Eigenschaft, welche die politische Linke jahrzehntelang für sich gepachtet hatte -, der wird seine politischen Gegner konsequent als verstockt abqualifizieren.

Auffallend ist auch die grosse Diskrepanz hinsichtlich Neurotizismus: Die Experten sahen hier einen moderaten Wert, während er aus astrologischer Sicht sehr tief sein müsste. Auch hier sprechen die Fakten gegen die Expertenmeinung. Zunächst sind moderate Einschätzungen bei Leuten, die sonst eine klare Meinung haben, immer verdächtig. Sie sind oft ein Hinweis auf eine Haltung im Sinne von „ich weiss nicht" oder „für mich nicht relevant". Nach Meinung der Experten hätte also Bush senior denselben Wert für Neurotizismus wie Clinton. Es dürfte aber jedem klar sein, dass dies nicht stimmen kann. Der ältere Bush war deutlich weniger „nervös" als Clinton, und da Clinton hier einen moderaten positiven Wert hat, dann muss Bush demzufolge einen deutlich negativen Wert aufweisen.

Auch bei der Rigidität zeigt sich eine erhebliche Abweichung: während die Experten dem älteren Bush nur eine sehr tiefe Rigidität zugestehen, weisen die Planeten für diesen Aspekt einen mässig positiven Wert aus. Ein Vergleich mag hier hilfreich sein: Der Wert für Rigidität, den die Experten dem älteren Bush zubilligen, weist auch Bill Clinton auf. Man überlege - und man vergleiche auch mit Bush junior (siehe unten)! Die Konklusion ist klar: Man muss für Bush senior einen deutlich höheren Wert für Rigidität annehmen, als die beiden Experten ihm zugestehen wollten.

Bush junior. Eine bessere Übereinstimmung zwischen Expertenmeinung und astrologischer Deutung zeigt sich bei Bush junior. Hier besteht nur in der Offenheit eine deutliche Diskrepanz – und wie könnte es anders sein, ist man geneigt zu sagen. Auch hier dürfte die linksliberale Meinung über den „konservativen" republikanischen Präsidenten schnell gemacht gewesen sein. In diesem Fall waren es die Autoren selbst, die Bush junior charakterlich bewerteten, da sich niemand von den angefragten Experten zu einem Urteil hergeben wollte.

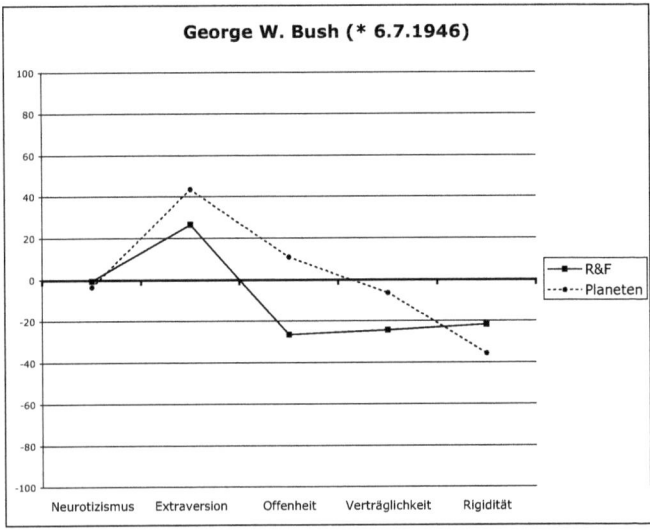

George W. Bush ist zweifellos ein schwieriger Fall, da bei ihm einige belastende Umstände vorliegen, die eine gerechte Charakterisierung erschweren:

- Sohn eines Präsidenten
- Lange Zeit Alkoholiker, dann abstinent
- 9/11 ...

Man kann im Nachhinein nicht sagen, wie sich Bush junior als Präsident und Persönlichkeit noch entwickelt hätte, wenn die Attentate vom 11.9.2001 nicht geschehen wären. Diese Ereignisse waren für das amerikanische Selbstverständnis so schockierend und einschneidend, dass sie die Verhaltensweise des gerade amtierenden Präsidenten beeinflussen *mussten*, und zwar unabhängig von seiner charakterlichen Disposition. Der jüngere Bush wird deshalb ebenso wie schon sein Vater als Kriegspräsident in die Geschichte eingehen, obwohl ihm wahrscheinlich diese Rolle überhaupt nicht lag.

Es kann ja durchaus sein, dass Bush junior nicht sehr offen für Ideen, Werte und dergleichen war, aber er war zumindest sehr offen für Emotionen. Und die Offenheit, um die es hier geht, beinhaltet vielleicht ohnehin noch etwas anderes, was in den Facetten der Big-5 zu wenig zum Ausdruck kommt: nämlich Offenheit für andere Meinungen und Einflüsse, die zu einer Verhaltensänderung führen kann. Man müsste demnach die Offenheit nicht nur am intellektuellen Interesse für Anderes und Neues messen, sondern auch an der Bereitschaft, seine Verhaltensweisen aufgrund von neuen Erkenntnissen und Einsichten zu ändern. Die Offenheit wäre dann vor allem an der Tat und weniger am Bekenntnis zu ersehen. Insofern kann man Bush junior nicht wirklich einen Mangel an Offenheit ankreiden; er hat sich ja in der Tat öfter mal neu erfunden und seine Umgebung mit originellen neuen Verhaltensweisen überrascht …

Barack Obama. Am 27.10.2011 wurde in der Online-Ausgabe des Tages-Anzeigers ein erhellender Kommentar zur Amtsführung von Barack Obama veröffentlich: „Der unnahbare Präsident".[9] Es handelt sich im Grunde um ein äusserst treffendes Psychogramm von Präsident Obama, aus dem ich einige gut beobachtete Feststellungen zitieren möchte:

- Menschen hält er auf Distanz.
- (Politischer) Einzelgänger.
- Als ob er die Leute nicht mag.
- Sein Lebenslauf lässt erahnen, dass er sich nirgendwo wirklich aufgehalten und überall ein wenig gefremdelt hat.
- Ein Politiker, der den anspruchsvollen Diskurs und die tiefsinnige Diskussion mag, nicht aber das Brimborium des Politischen.
- Den Wählern die Hände zu schütteln und ihre Babys zu küssen, ist ihm ein Gräuel.
- Menschen sind Obama am genehmsten, wenn er auf Distanz zu ihnen gehen kann.
- Dessen Schwierigkeit zu menscheln längst auch das Verhältnis zu seiner eigenen Partei trübt.
- Frostig sind Obamas Beziehungen zu den demokratischen Bonzen auf dem Kapitolshügel.
- Der Präsident streichelt die Parteifreunde nicht. Selten nur lädt er sie zu einem Drink ein. Und noch seltener konsultiert er sie.
- Er ist kein Mensch, der sich zu sehr auf andere verlässt; er verarbeitet die Dinge in seinem eigenen Kopf.
- Zudem scheint es Obamas Grundbefindlichkeit zu entsprechen, Probleme stets mit sich selbst auszumachen, anstatt sie vor anderen auszubreiten.

---

[9] *tagesanzeiger.ch* (27.10.2011): Der unnahbare Präsident.

- Sogar Kabinettsmitglieder beklagen sich über die Unnahbarkeit des Präsidenten.
- Wirklich nahe sind ihm nur wenige alte Freunde aus Chicago sowie Gattin Michelle und die beiden Töchter.

Diese Charaktereigenschaften fallen um so mehr auf, wenn man sie mit denen seiner Vorgänger vergleicht:

- Während Bill Clinton stets die Nähe der Bürger suchte und bei öffentlichen Auftritten unablässig Hände drückte und Nahestehende umarmte, verabscheut Barack Obama die Pflichten des Wahlkampfs.
- Bill Clinton oder George W. Bush wären zu ihren Fans marschiert, hätten mit ihnen gesprochen und Autogramme verteilt. Barack Obama hingegen nimmt kein Bad in der Menge.
- Vielleicht ist es Selbstüberschätzung, die ihn davon abhält, wie Bill Clinton von überall her Rat einzuholen.
- Im Gegensatz zu Clinton, der gleichfalls aus einer zerbrochenen Familie stammte, scheint ihm Empathie jedoch schwerzufallen.

Vom Aussenpolitik-Kolumnist der Washington Post, David Ignatius, erfahren wir folgendes:[10]

Besonders interessant war, was Ignatius über den Charakter Obamas erzählt hat. "Obama ist noch immer ein Mysterium für mich", sagte Ignatius. "Er ist eine trockene und verborgene Persönlichkeit." Ein enger Berater Obamas habe ihm einmal gesagt, Obama wäre eigentlich viel lieber Richter am Supreme Court als Präsident. Ignatius hält den Präsidenten für zu vorsichtig und zurückhaltend. "Ich möchte, dass er sich einen

---

[10] *flatworld.welt.de* (6.2.2013): Obama, der introvertierte Präsident.

Energieschub verpasst ("to amp up"). Obama müsse einen Weg finden so wie Lyndon B. Johnson über das defekte Washingtoner Politiksystem hinweg zu regieren und einen direkten Kontakt mit dem Volk herzustellen. Ignatius sagte, dass es noch nie so eine fokussierte und perfekte Wahlkampagne gegeben habe wie die Obamas im vergangenen Jahr. Mit derselben Konzentration solle er nun die wichtigsten Probleme Amerikas angehen.

Joe Biden ist in gewisser Weise das komplette Gegenbild zum Präsidenten. Der Vize ist eine extrovertierte Person, er liebt es, mit Leuten in Kontakt zu treten und umgarnt andere mit seinem Charme. "Obama schickt Biden, um Dinge zu tun, die er selbst nicht tun will" sagte Ignatius – eine Formulierung, die Biden selbst, allerdings scherzhaft, auf der Münchner Sicherheitskonferenz benutzt hatte. Deshalb sei der beste Rat, den er den Europäern geben könne, sich mit Biden einzulassen.

Was die Lösung von Amerikas innenpolitischen Problemen angehe, so sei Obama II "schlecht gestartet". In der Aussenpolitik habe Hillary Clinton immer wieder versucht, das Weisse Haus zu mehr Ehrgeiz und Aktion zu bewegen, was nicht immer gelungen sei. Nun erwartet Ignatius, dass John Kerry diese Rolle übernimmt. "Kerry ist enorm ehrgeizig und wird die Regierung drängen", sagte Ignatius.

Wir ahnen es: Barack Obama ist ein Saturniker! Und worin besteht im wesentlichen sein Defizit? Er kann nicht „menscheln", und er „fremdelt"! Und das hat sich bis heute nicht geändert; er bleibt seiner Linie treu (durchaus typisch für Saturniker)! Obama ist zwar nur ein leichter Saturniker, aber hinsichtlich des wichtigen Merkmals Extraversion im Vergleich zu seinen Vorgängern Bush und Clinton mit einem klaren „Defizit" behaftet. Wenn man einmal von diesem Aspekt absieht, dann präsentiert sich Obama als durchschnittlicher Charakter, allerdings mit einer introvertierten Kante, sozusagen.

Es hilft nicht, dass Barack Obama ein Präsident ist, dem das Gespür für kleine Gesten fehlt und der kaum Beziehungen zum Kongress pflegt. Der spröde Präsident, von Nicholas Sarkozy sogar als «kalt» beschrieben, hält nichts von Small Talk und Drinks am Ende eines Arbeitstages.[11]

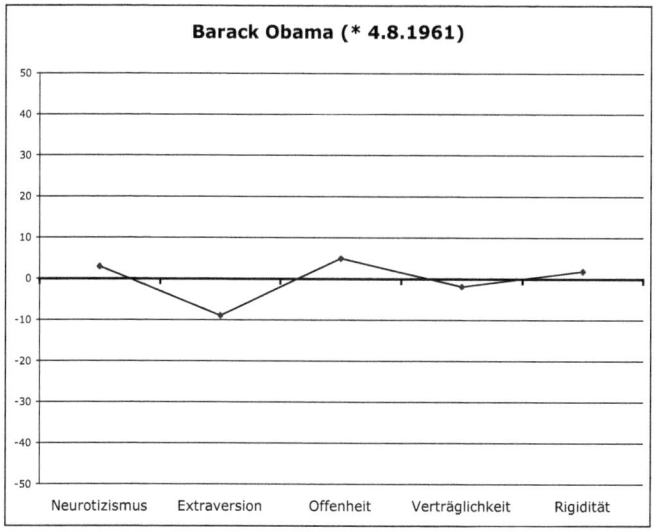

Jetzt stellt sich natürlich die Frage, weshalb man ihm seinen leichten Hang zu introvertiertem Verhalten dermassen ankreidet. Um Obamas „Problem" zu illustrieren, muss man wissen, dass der im Bericht von Ignatius erwähnten Joe Biden („in gewisser Weise das komplette Gegenbild zum Präsidenten") ein deutlich anderes Profil hat als Obama - und Leute, die mit beiden direkt zu tun haben, werden sie zwangsläufig als „gegensätzliche" Persönlichkeiten einschätzen. Bidens Astro-5-Profil ist praktisch deckungsgleich mit jenem von Kennedy, und daraus erkennt man klar die grossen charakterprägenden Unterschiede zu Obama. Es ist nicht etwa

---

[11] *tagesanzeiger.ch* (02.10.2013): Hauptstadt der verbrannten Erde.

so, dass Obamas Charakter in irgendeiner Hinsicht speziell oder auffällig wäre; aber er scheitert an der Messlatte von der heutzutage so stark geforderten hohen Extraversion für alle möglichen „Leaders" – vom gewöhnlichen Teamleiter bis zum Chef einer Supermacht.

Auftreten und Sichtbarkeit, physische Präsenz an gesellschaftlichen Anlässen, das Bad in der Menge – das sind die Verhaltensmuster, die das Bild der Persönlichkeit in der Öffentlichkeit positiv formen. Obama weiss das natürlich auch, und wahrscheinlich hat er sich im Lauf seiner politischen Karriere auch ein wenig diesen Nimbus antrainiert. Während seiner ersten Wahlkampagne vor dem Einzug ins Weisse Haus war man bekanntlich auf der ganzen Welt begeistert von seinem Auftreten und hat sein Charisma gerühmt. Aber jetzt wo er es geschafft hat, muss er niemanden mehr etwas vormachen.

Und dennoch: das lockere und selbstbewusste öffentliche Auftreten Obamas – etwa wenn er eine Rede hält - passt scheinbar nicht sehr gut zu seiner introvertierten Veranlagung. Ein solches Argument gründet wohl in der Vorstellung, dass introvertierte Menschen eher Mühe bekunden, vor eine Fernsehkamera oder vor ein grösseres Publikum zu treten. Aber Introversion ist nicht mit Schüchternheit gleichzusetzen, obwohl das fälschlicherweise oft gemacht wird. Denn wenn ein Introvertierter rhetorisch beschlagen ist (was eine Fertigkeit ist und keine Charaktereigenschaft), dann fällt ihm der Auftritt vor Publikum vielleicht sogar leichter, weil es ihm quasi intuitiv gelingt, die sichere Distanz zur anonymen Masse zu schaffen. Das grosse Publikum ist für ihn kein Problem, solange er nicht im und mit dem Publikum agieren muss, weder als Führer noch als Geführter. Für den Introvertierten ist das Publikum nicht eine Ansammlung von individuellen Menschen, auf die man irgendwie eingehen müsste, sondern eigentlich nur noch eine abstrakte Grösse, die man auch entsprechend neutral behandeln kann. Im Umgang mit der Masse wird der

Saturniker zum Technokrat, und individuelle Schicksale berühren ihn nicht sonderlich, wenn er Abstand von ihnen halten kann. Im kleinen Kreis hingegen kann seine harte Schale aufbrechen, und er kann dann durchaus zugänglich und gesellig sein (Obamas Fluchten vom Protokollarischen ins Privat-Gesellige sind legendär und von seinen Sicherheitsleuten gefürchtet). Man wird also beim Saturniker eine deutliche soziale Verhaltensänderung feststellen können abhängig von der Grösse der Gesellschaft, in der er sich aufhält. Beim Charismatiker (vom Profil her Anti-Saturniker oder Anti-Neptuniker) ist dies gerade nicht der Fall: seine Hinwendung zu den Mitmenschen wird nicht von der Anzahl Menschen um ihn herum beeinflusst.

Bei aller Schlüssigkeit der Einschätzung von Obamas Charakter und ihrer leidlich guten Übereinstimmung mit den Astro-5 muss man skeptisch die Frage aufwerfen, ob man die aus der R&F-Studie gewonnenen Korrelationen überhaupt auf Obama anwenden darf. Der mit afrikanischen Vorfahren beglückte und eine spezielle Kindheit aufweisende Obama passt nicht ins soziokulturelle Schema der weissen Männer aus der Mittel- und Oberschicht, die vor ihm die Präsidenten stellten. Einige seiner Verhaltensweisen sind vielleicht doch stärker kulturell oder auch genetisch bedingt in eine jeweils andere Richtung verformt als bei seinen Vorgängern, die alle eine typisch nordamerikanische kulturelle Prägung durchliefen.

Zufall und Wahrscheinlichkeit

Man müsste eigentlich bei der Durchführung von Charakterstudien vorab schon wissen, wie gut die Menschen ihr Gegenüber charakterlich einschätzen können. Wenn ich in voller Kenntnis eines Menschen (also etwa um sein Verhalten in täglichen Sitationen wissend) ein Urteil über dessen Charakter abgebe, dann müsste das Resultat ja doch sehr viel besser sein, als wenn ich in völliger Unkenntnis der Person nur zufällig rate. Und wir gehen letztlich davon aus, dass die Urteile der Experten in der R&F-Studie nicht nur Zufallsresultate erbrachten, sondern charakterliche Einschätzungen, die nicht allzu weit von der Wahrheit entfernt sind. Die Autoren der Studie haben aber auch angedeutet, dass sich die Experten in Einzelfällen erheblich widersprachen. Die moderne Psychologie funktioniert in der Tat nur nach dem Gesetz der grossen Zahl: Über die grosse Masse betrachtet scheinen die Resultate vernünftig zu sein; im Einzelfall können sie völlig versagen. Auf unsere Ausgangslage angewendet: Im allgemeinen wird man eine Person gemäss den Big-5 hinreichend genau charakterisieren können; in Einzelfällen wird es aber nicht funktionieren.

Mit der Astrologie scheint es sich ein wenig ähnlich zu verhalten: Es gibt immer Ausnahmen von der Regel, und mit etwas Phantasie findet man sogar eine Erklärung für die Ausnahme. Noch mehr als die Psychologie bewegt sich die Astrologie jedoch unterhalb des Radars der Wahrscheinlichkeitsgesetze und damit auch unterhalb der Schwelle der Wissenschaftlichkeit. Wenn ich hier also eine „neue Astrologie" postuliere, dann stelle ich mich gerne den skrupulösen Anforderungen des Wahrscheinlichkeitskalküls – das Problem wird allein sein, dass die Referenzgrösse von der Psychologie, einer notorisch unzuverlässigen Wissenschaft, zur Verfügung gestellt wird. Und eigentlich noch schlimmer: Für unsere weiteren Untersuchungen stehen uns keine Expertenmeinungen wie in der R&F-Studie zur Verfügung, vielmehr muss der Leser allein beurteilen, ob ihm das Astro-5-Profil einer mehr oder weniger prominenten Person plausibel erscheint (mit dem Wissen im Hinterkopf allerdings, dass z.B. eine Trefferquote 3 aus 5 noch nicht wirklich berauschend ist). Das heisst konkret, dass wir uns bei der Einschätzung des Charakters der im folgenden untersuchten Persönlichkeiten auf das eigene Urteilsvermögen, auf Trivialpsychologie oder auf auffällige Einzelmerkmale abstützen müssen. Die Leser werden sich immer auch ihr eigenes Urteil bilden können, sofern sie es wollen. Und dies ist eigentlich die beste Kontrolle der Befunde, denn in Sachen Psychologie bildet vermutlich eben doch der Schwarm die Intelligenz.

Wie lässt sich der astrologische Einfluss auf den Charakter eines Menschen objektiv feststellen? Die psychologische Forschung sagt uns, dass nur ausgeklügelte Tests objektiv den „wahren" Charakter bestimmen können. Wir können noch so viel Menschenkenntnis haben, aber letztlich bleibt unser eigenes Urteil über den Charakter einer Person immer subjektiv. Natürlich kennt der Volksmund schon lange die „Eigenbrötler" und andere Charaktertypen, und gerade aus der Tatsache, dass sich solche Charakterisierungen in der Sprache niederschlagen, konnte man überhaupt erst die Big-5 mit all ihren Facetten identifizieren. Insofern gründen auch die objektiven Tests der Psychologen auf der subjektiven Wahrnehmung und Einschätzung unserer Vorfahren. Und so sehr die Big-5 den Charakter eines Menschen hinreichend gut beschreiben könnten, so bleibt doch die Frage nach der Ursache der charakterlichen Prägung offen. Wo die einen vor allem die Genetik am Werk sehen, setzen andere mehr auf die soziokulturelle Prägung, und nicht wenige glauben an astrologische Einflüsse. Was wir hier machen und überhaupt machen können, ist eine erste Prüfung einer neuen astrologischen Theorie mit sehr einfachen methodischen Mitteln.

Deutsche Kanzler

Wir wenden uns jetzt den deutschen Bundeskanzlern zu, einer relativ kleinen Gruppe von Menschen, die erst nach 1945 in Erscheinung trat: nämlich sieben Männer und eine Frau, die als Regierungschefs eines Landes amtierten, das sich nach den politischen Katastrophen von 1914 bis 1945 neu erfinden musste. Man kann von all diesen Leuten annehmen, dass sie über einen starken Ehrgeiz und beträchtliches Talent in politischen Angelegenheiten verfügen. Aber zu jedem Kanzler hätte es jederzeit Alternativen gegeben, von denen der Zeitgeist jedoch nicht wollte, dass sie ins Amt gewählt wurden. Ich werde nun diese „auserwählten" Menschen, die den Zeitgenossen aufgrund ihrer öffentlichen Präsenz in gewisser Art „vertraut" waren bzw. noch sind, in einer kleinen Charaktergalerie vorführen.

Konrad Adenauer. Adenauer dürfte nur noch der älteren Generation in Erinnerung sein. Er trat sein Amt 1949 im fortgeschrittenen Alter von 73 Jahren an, womit die noch junge Bundesrepublik paradoxerweise von einem Pensionär in die neue und schon bald dynamische Nachkriegszeit geführt wurde. Von daher war er nicht nur eine Vater-, sondern fast schon eine Grossvaterfigur für den neu gegründeten Staat und wurde demzufolge einfach als der „Alte" bezeichnet. Seine lange Amtszeit von 14 Jahren hatte dann auch zur Folge, dass mitten in der Wirtschaftswunderzeit der 60er Jahre ein Greis von seinem Amt zurücktrat.

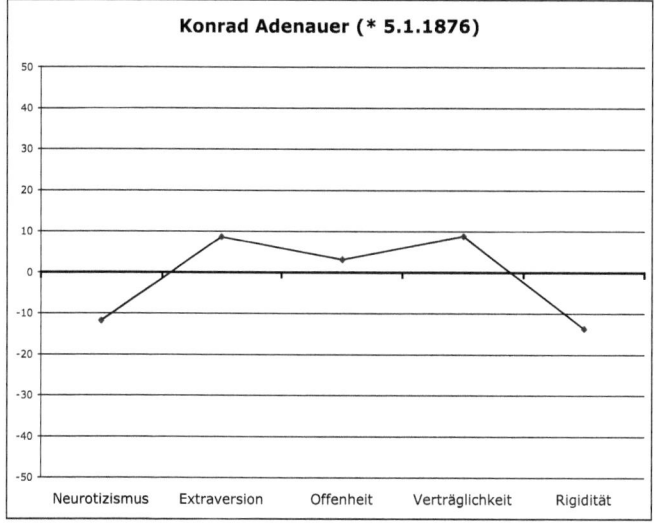

Werfen wir nun einen Blick auf seine Astro-5: Mit seiner ansteigenden Kurve vom tiefen Neurotizismus zur hohen Extraversion zeigt Adenauer ein charakteristisches Muster von sozial dominierenden Menschen. Diese Eigenschaft brauchte er vielleicht sogar weniger in seinem Amt als Bundeskanzler, sondern noch mehr in seiner Funktion als Oberbürgermeister von Köln, also in den Niederungen der Kommunalpolitik. Auch dieses Amt übte er sehr lange aus (1917-33), und er hätte es wohl noch länger ausgeübt, wenn nicht ab 1933 eine gravierende Veränderung der nationalen Machtverhältnisse eingetreten wäre. Adenauer war ein instinktsicherer Machtpolitiker, der es auch verstand, die ihm zur Verfügungen stehenden Druckmittel sehr wirksam einzusetzen, um seine politischen Ziele zu erreichen.

Und wie steht es mit der sehr schwachen Rigidität? Ist das noch Adenauer? Unser Bild von Adenauer wird vom Bild des alten Kanzlers aus der Nachkriegszeit bestimmt. Da er auf diesen Bildern oft ziemlich ernst dreinblickt und überhaupt die Erscheinung eines disziplinierten Herrn abgibt, würde man ihn vielleicht auch für rigide halten. Aber Rigidität ist nicht eine Weltanschauung (wie etwa Wertkonservatismus, den man ihm wohl zubilligen möchte), sondern beschreibt einen *modus operandi*, also die Art und Weise, wie ein Mensch tickt – in diesem Fall bezüglich Methodik, Gewissenhaftigkeit und ähnlichem. Und nun fragen wir: Wie rigide (seinem Gewissen, seinen Überzeugungen usw. verpflichtet) kann ein Mensch sein, der in den 20er Jahren als „König des Rheinlandes" galt, und der es sich in seinem Amt als Kölner Bürgermeister sehr gut gehen liess (inklusive fürstlicher Bezahlung). Auch war er 1928 in einen Spekulationsskandal verwickelt, dem er sich nur durch Rückgriff auf „schwarze Kassen" entziehen konnte. Dynamische Personen mit tiefer Rigidität werden aber beim kraftvollen Vorwärtsschreiten von ihren Sünden der Vergangenheit kaum je gehemmt – „Was kümmert mich mein Geschwätz von gestern?", soll Adenauer einmal forsch gesagt haben und präsentierte sich damit als gewissenloser Machtpolitiker.

Ein Gegenteil von hoher Rigidität kann nämlich nicht nur Liederlichkeit sein, sondern in diesem Fall ist es wohl eher Skrupellosigkeit, und vielleicht wäre es angebracht, auch

Adenauers Kanzlerschaft unter diesem Aspekt neu zu beurteilen. Machthaber mit diesem Profil unterliegen wahrscheinlich der Versuchung, das ihnen übertragene Amt als „Amigo-Republik" zu führen.

Ludwig Erhard. Erhard bleibt als der kompetente Wirtschaftsminister der Wirtschaftswunderjahre unter Adenauer in Erinnerung; er gilt als der Erfinder der Sozialen Marktwirtschaft, und insofern beeinflusst sein damaliges Wirken bis heute die politische Debatte in Deutschland. Hingegen konnte er als Kanzler (1963-66) nur wenig überzeugen; er agierte in diesem Amt ungeschickt und glücklos.

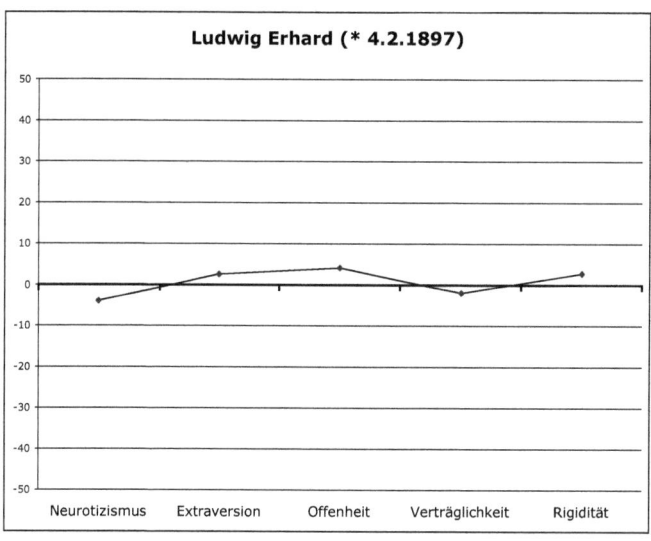

Erhards Astro-5 zeigen ein ziemlich flaches Profil, und diese Unauffälligkeit in allen Aspekten trifft vermutlich seinen Charakter sehr gut. Ausgerechnet Adenauer, der Erhard 1957 zum Vizekanzler ernannte, hielt ihn zeitlebens für unfähig, das Kanzleramt auszuüben. Adenauer schätzte Erhard zwar als nützlichen Vize ein, aber nicht als möglichen Chef.

Adenauer hat diese ausgeprägte „Alpha"-Signatur im Astro-5-Profil, und man kann davon ausgehen, dass er seinerseits „Chef"-Typen riechen konnte. Erhard gehörte offenbar nicht zu dieser selbstbewussten Elite. Aber das ist ein Fehler, den viele Alphatiere machen: sie scharen aus ihrer Sicht „schwache" Zudiener um sich herum – nicht bedenkend, dass einer von diesen via Nachfolgeregelung in die Chefposition nachrücken könnte.

Kurt Kiesinger. Kiesinger konnte Erhard beerben und die Kanzlerschaft für die CDU sichern, indem er sich in die Grosse Koalition mit der SPD rettete.

Seine Astro-5 lassen eine gut entwickelte Sozialkompetenz und auch Kompromissfähigkeit vermuten, was ihm wohl geholfen hat, die Grosse Koalition zu schmieden. Man kann das „Offenheits-Gen" auch als Neigung zum Opportunismus deuten, also der Fähigkeit, passiv oder aktiv sich neuen Chancen zu öffnen. Insofern ist es vielleicht kein Zufall, dass gerade ihm die Grosse Koalition gelang.

Auch neigen Menschen mit ausgeprägter Offenheit vielleicht eher zu schwärmerischem Verhalten, und das ist interessanterweise bei Kiesinger der Fall, da er offenbar in jungen Jahren ernsthaft daran dachte, Dichter zu werden.

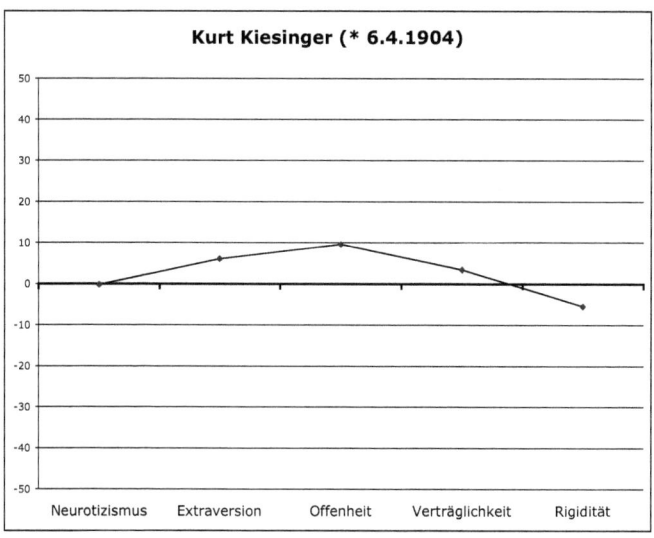

Willy Brandt. Brandt könnte man aufgrund seiner Astro-5 als „gemässigten Saturniker" bezeichnen; sein Profil entspricht etwa demjenigen von Barack Obama. Beide sind „irgendwie" sympathisch, aber „irgendwie" auch schwierig.

Seine positive Offenheit gereichte ihm in der öffentlichen Gunst natürlich zum Vorteil, wie dies auch bei Obama der Fall ist. Bezüglich der unterentwickelten Extraversion gehörte er zu den sogenannten „stillen Wassern", die tief gründen.

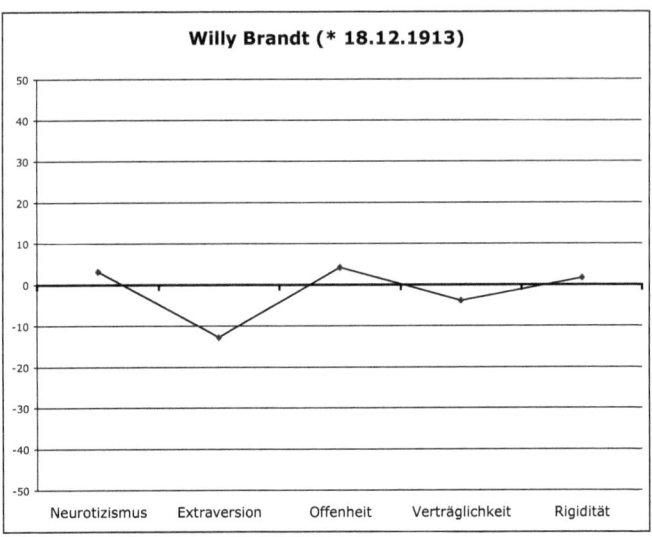

Brandt war nie der unbesonnene Haudrauf, sondern er war derjenige, der mittels wichtiger symbolischer Gesten eine Aussöhnung mit dem alten Kriegsgegner vollbrachte. Er gehörte damals zu den wenigen deutschen Politikern, denen man einen solchen Schritt glaubwürdig zutrauen konnte. Auf seinem Gesicht lag immer so etwas wie ein Schatten der Nachdenklichkeit oder gar stiller Verzweiflung. Saturniker sind Melancholiker. Menschen mit diesem „schwarzgalligen" Charakter haben naturgemäss ihre dunklen Seiten, die sie aber meist gut verstecken können.

Helmut Schmidt. Schmidts Astro-5 passen auf einen emotional sehr stabilen und vielleicht etwas grummeligen Menschen, der nicht sehr sozialkompatibel ist.

Seine doch ziemlich tiefe Verträglichkeit lässt darauf schliessen, dass mit ihm nicht immer gut Kirschen essen ist, und sein tiefer Wert für Neurotizismus könnte ihm auch als emotionale Kälte ausgelegt werden. Man sieht hier den kühlen Hanseaten geradezu vor sich: die berüchtigte „Schmidt-Schnauze", die keine verbale Konfrontation scheut und dazu auch noch Kettenraucher! Die unauffälligen Werte für Extraversion, Offenheit und Rigidität sind demgegenüber unbedeutend bzw. stehen nicht im Widerspruch zum Bild, dass wir von Helmut Schmidt haben.

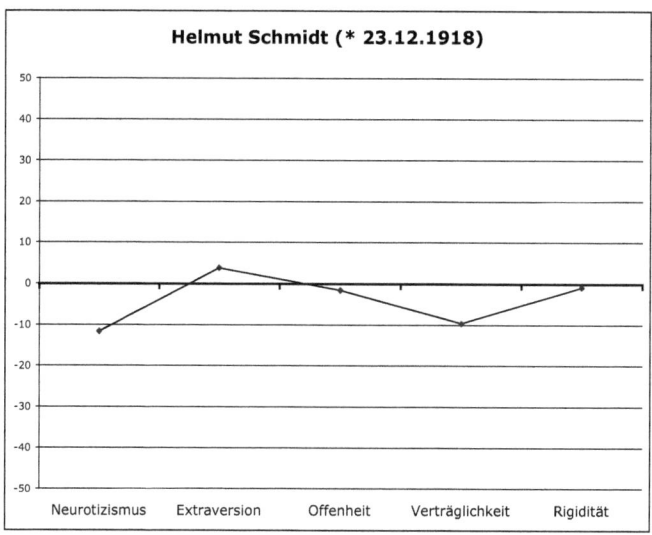

Schmidt kultivierte nach seinem Rücktritt als aktiver Politiker bis ins höchste Alter das Bild des *elder statesman*, der über alles Bescheid wusste, manchmal auch in Form eines *enfant terrible*, der offen aussprach, was gerade nicht opportun war, und der wohl als der letzte Mensch in der modernen Geschichte eingehen wird, der in aller medialer Öffentlichkeit – also etwa in Fernsehstudios – frivol seine Zigaretten rauchte. Hätte er sich auf seine späten Jahre noch beliebt machen wollen – im Sinne einer Anpassung an den zurzeit angesagten Zeitgeist -, dann hätte er natürlich der teuflischen Raucherei abschwören müssen. Mangels Sozialsinn kam er wohl gar nicht auf diese Idee.

Helmut Kohl. Im Unterschied zu der für die Saturniker typischen W-Form zeichnet sich die bei Helmut Kohl sehr ausgeprägte U-Form dadurch aus, dass die Offenheit zu den tiefsten Punkten gehört. Kohls Profil zeigt somit Eigenschaften des Neptun-Typs.

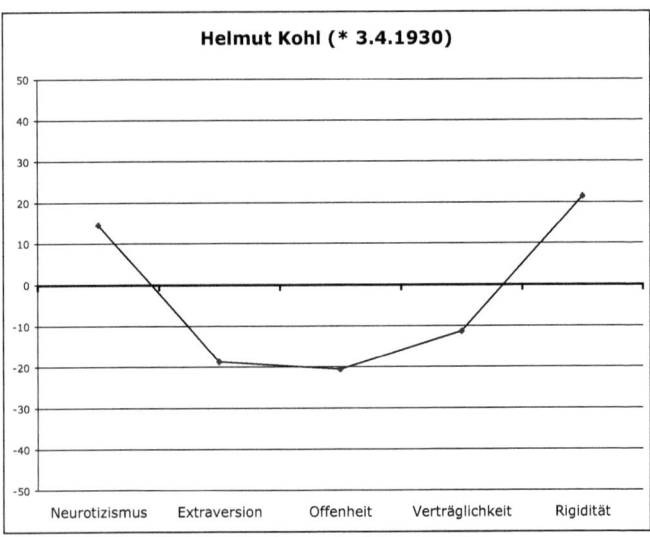

Kohls grosse politische Leistung bestand zweifellos darin, dass er im welthistorisch wichtigen Augenblick, als nämlich der rostig gewordene Eiserne Vorhang zu bröckeln und der Ostblock sich aufzulösen begann, nichts falsches machte. Der Charakter eines Menschen zeigt sich ja nicht nur in seinen Taten, sondern auch in seinen Unterlassungen. Schon rein äusserlich signalisierte Kohl Beharrungsvermögen, aber in seinem Fall dürfte diese Charaktereigenschaft auch zu seinem Wesenskern gehört haben, und sie wurde ihm auch als Sturheit angekreidet. Positiv formuliert könnte man auch von Gravität sprechen.

Der Grad an Offenheit ist vermutlich auch ein Mass für Opportunismus, d.h. für die Fähigkeit, sich auf neue Situationen einzustellen (passiv) oder aktiv nach Handlungsalternativen („Gelegenheiten") zu suchen. Man nennt es auch Pragmatismus, wenn man dieses Merkmal positiv bewertet haben will. Das Gegenteil des Opportunisten ist der Prinzipienreiter, dessen Starrsinn Kompromisse ausschliesst. Man wird selten erfolgreiche Unternehmer oder Unternehmensleiter finden, die einen sehr tiefen Wert für Offenheit aufweisen, da das Wesen jeder Geschäftstätigkeit auch darin besteht, immer nach Gelegenheiten und Optionen Ausschau zu halten und sich Handlungsspielräume zu erhalten (Ausnahmen bestätigen die Regel, wie wir noch sehen werden). Bei Politikern signalisieren tiefe Werte für Offenheit eine wertkonservative Grundhaltung, und Helmut Kohl ist gewiss ein gutes Beispiel dafür. Ein weiteres Beispiel für eine solche Grundhaltung, wenngleich politisch anders gepolt, wäre etwa Bruno Kreisky, der als Kanzler lange Jahre die österreichische Politik dominierte, und dessen Astro-5-Profil praktisch deckungsgleich mit jenem von Helmut Kohl ist.

Gerhard Schröder. Es dürfte wohl niemanden geben, der ernsthaft behaupten wollte, das hier gezeigte Astro-5-Profil stünde irgendwie im Gegensatz zu Schröders Charakter: es entspricht ihm vielmehr vollkommen! Unterdurchschnittliche Werte für Neurotizismus und Rigidität und eine ausgeprägte Extraversion zeichnen die wichtigsten Eckpunkte und prädestinieren ihn geradezu zum lebensfrohen „Kaschmir-Kanzler".

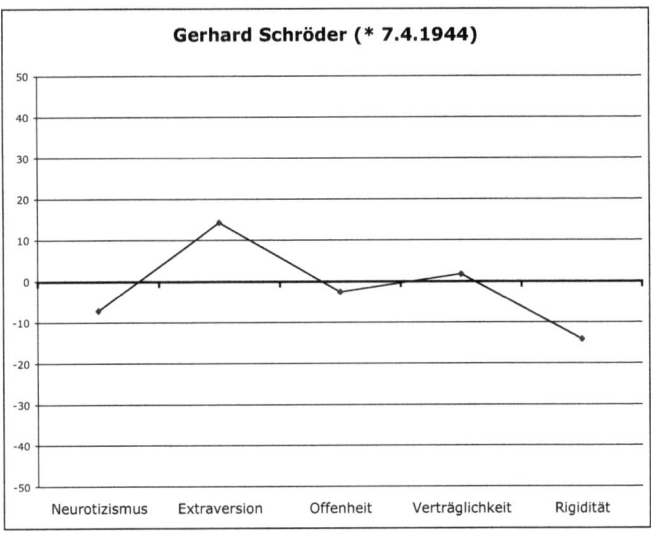

Entscheidend ist auch bei ihm der starke Anstieg vom tiefen Neurotizismus zur hohen Extraversion, was den sozial dominanten Charakter auszeichnet, dem man wohl auch eine mangelnde Fähigkeit zur Reflexion zubilligen darf. Seine Macho-Allüren waren legendär und kippten spätestens dann ins Affige, als er seine Niederlage gegen Angela Merkel vor laufenden Kameras nicht eingestehen wollte.

Auch bei Schröder sind die unauffälligen Werte für Offenheit und Verträglichkeit nicht entscheidend, vielmehr werden dadurch die hohen bzw. tiefen Werte für Extraversion und Rigidität noch mehr betont. Wenn man von der tiefen Rigidität absieht, dann entspricht Schröders Profil sehr gut dem Sonnen-Typ, und ich denke, niemand wird dieser Charakterisierung widersprechen wollen.

Frau Merkel und die Geschlechterfrage

Wir müssen hier für einen Moment innehalten: Mit Angela Merkel würde nunmehr in der Reihe der deutschen Bundeskanzler die erste Frau in dieser Analyse erscheinen, und es stellt sich sogleich folgende elementare Frage: Können die Befunde, die aus einer sehr spezifischen Gruppe gewonnen wurden – nämlich von amerikanischen Präsidenten, also weissen Männern aus der Oberschicht, von europäischer Abstammung und nordamerikanischer Prägung -, können und dürfen diese Befunde auf andere Bevölkerungsgruppen, die sich signifikant hinsichtlich biologischer oder kultureller Merkmale unterscheiden, unverändert übertragen werden?

Es dürfte klar sein, dass die Ausprägung eines Big-5-Aspekts durch kulturelle Einflüsse mehr oder weniger stark verformt werden kann. Und wir werten charakterliche Eigenschaften selten ohne Ansehung der Person: *Quod licet Iovi non licet bovi*, wie schon die alten Römer wussten. Was Jupiter gebührt, gebührt noch lange nicht jedem Ochsen! Und so verhält es sich natürlich gerade auch im Umgang mit den zwei Geschlechtern. Man spricht ja nicht umsonst vom „sozialen Geschlecht", also von einer als geschlechtertypisch angesehenen Verhaltensweise, die aber vielleicht nur anerzogen und nicht biologisch determiniert ist, und die darüber befindet, was „ein richtiger Mann" tun und lassen muss, oder was sich „für eine Dame" geziemt oder nicht.

Hinsichtlich der Big-5 sind wir scheinbar auf der sicheren Seite bzw. auf geschlechtsneutralem Grund: Kein vernünftiger Mensch wird ja bestreiten wollen, dass Frauen und Männer gleichermassen extravertiert oder rigide sein können. Der Unterschied besteht angeblich allein in der Aussenwirkung einer bestimmten Eigenschaft, also in ihrem sozialen Kontext. Das Problem ist aber, dass die astrologische Ursache des Charakters – soweit wir davon ausgehen, dass es eine solche gibt - für Frauen und Männer verschieden sein könnte. Das biologische Geschlecht äussert sich ja in einer spezifischen Gestaltbildung, die bis ins Genom hinein nachweisbar ist, und weshalb sollte sich diese Ausprägung nicht auch bis zum Charakter fortsetzen bzw. auf die astrologischen Mechanismen, die ihn allenfalls beeinflussen? Ich bin mir bewusst, dass ich hier ein geschlechterpolitisches Minenfeld betrete, aber das Thema lässt sich nicht leichthin umgehen.

Gerade in der Tatsache, dass in der R&F-Studie nur „erfolgreiche weisse Männer" aus dem „Zeitalter der erfolgreichen weissen Männer" untersucht wurden, liegt ja eine erhebliche Beschränkung, die aber zugleich ein grosser Vorteil sein könnte. Erfolgreiche Menschen in wirkungsmächtigen Positionen können es sich eher leisten, mal aus sich heraus zu gehen, und offenbaren damit mehr von ihrem wahren Charakter als Menschen in ungeordneten Positionen, die sich opportunistisch verstellen müssen. Die Charakterstudie über einen amerikanischen Präsidenten ist so gesehen wahrscheinlich tausendmal erhellender als die gesammelten Assessments tausender frustrierter Angestellter. Auch wenn also die von R&F untersuchte Population nicht gerade repräsentativ für die ganze Welt ist, so können - mit einer gewissen Vorsicht zwar und unter bestimmten Vorbehalten - die daraus gewonnenen Persönlichkeitsaspekte wahrscheinlich auch auf andere Personengruppen angewendet werden. Aber tragen die Befunde über die Geschlechtergrenze hinweg?

Die Frage, ob man aus methodischen Gründen die Untersuchung auf männliche, weisse Prominente und speziell Politiker beschränken sollte, ist durchaus prüfenswert; sie wird insofern entschärft, als der grösste Teil der Beispiele tatsächlich ältere weisse Männer betreffen. Es gibt in dieser Personengruppe ganz einfach die grösste Auswahl an aufschlussreichen Biografien. Aufgrund meiner bisherigen Analysen bin ich zudem nicht sicher, ob man die Ergebnisse der Astro-5 auch auf Frauen anwenden kann. Konsequenterweise verzichte ich im Rahmen dieser Arbeit darauf.

Deutsche Bundespräsidenten

Das Amt des Bundespräsidenten in Deutschland hat den Charakter eines Ehrenamts, eines *elder statesman*, der fernab der politischen Schützengräben agieren und sich verlautbaren sollte. Er kann nach Gusto thematische Schwerpunkte setzen und etwa auf Probleme hinweisen, die aus seiner Sicht gesellschaftspolitisch auch noch anzugehen wären. Auch wenn seine politische Tätigkeit eher symbolischen Charakter hat, geniesst sie in der Öffentlichkeit doch grosse Aufmerksamkeit und hohes Ansehen. Er ist quasi der moralische Gegenpol zum Machtgeklüngel im Bundeskanzleramt. Aufgrund seiner (fast) unangreifbaren Stellung, kann der Bundespräsident seine ganze Persönlichkeit in das Amt einbringen, und man kann gewiss sagen, dass sich die bisherigen Amtsträger charakterlich stark voneinander unterschieden.

Theodor Heuss. Heuss als erster Bundespräsident nach dem verlorenen Krieg hatte das Format eines „gebildeten Ehrenmanns" und war insofern die ideale Besetzung für das neue Amt. Verschiedene Anekdoten lassen bei ihm auf eine gewisse Gutmütigkeit schliessen. Es ist wohl auch seinem freundlichen, offenen Wesen zu verdanken, dass Deutschland die politische und diplomatische Isolation der Nachkriegszeit relativ rasch überwinden konnte. Klar zu erkennen ist das „Alpha-Signal", das die sozial dominante Persönlichkeit auszeichnet. Leute mit einem Profil, wie es Heuss zeigt, werden leichter als Führungspersonen respektiert; man spricht ihnen hohe Sozialkompetenz zu.

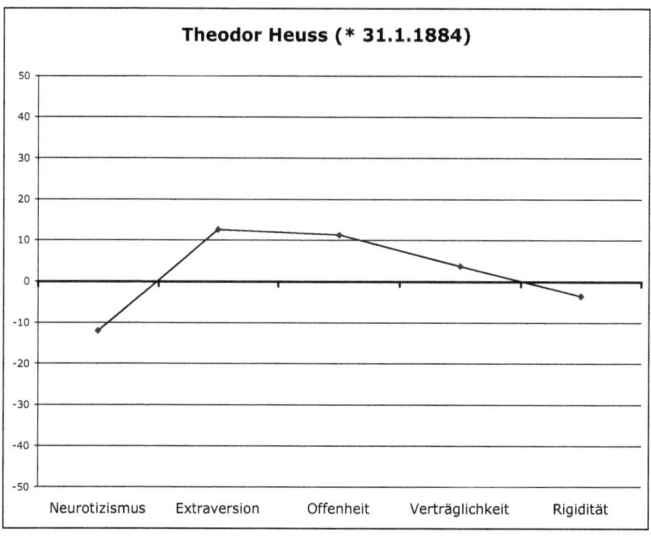

Heinrich Lübke. Bei Lübke fallen die vielen Staatsbesuche in Entwicklungsländer auf. Man könnte ihn als einen gut vernetzten Internationalisten bezeichnen, und hierbei kam ihm gewiss sein extravertiertes Wesen zugute. Innenpolitisch jedoch erhielt sein Amt eine zunehmend tragische Note, worüber sich fast die ganze Nation auch noch lustig machte. Immer öfter nämlich entfuhren ihm manchmal irrwitzige, oft aber auch auch peinliche Versprecher - unüberhörbar anlässlich von Reden, Staatsempfängen und so weiter. Er steigerte sich quasi zur Lachnummer der Nation, und so war einer Schallplatte mit Lübkes verbalen Ausrutschern auch ein beachtlicher Verkaufserfolg beschieden. Was man zu Beginn nicht wusste: Lübke litt an einer unheilbaren Zerebralsklerose, die ihm zunehmend zu schaffen machte und letztlich seine Persönlichkeit zerstörte. In solchen Fällen ist es natürlich sehr schwierig, ein verlässliches Urteil über die Charakterbeschaffenheit abzugeben.

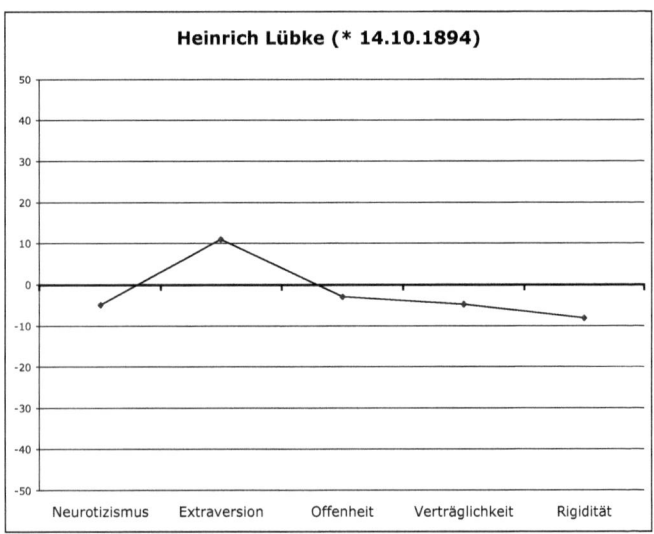

Gustav Heinemann. Heinemann war insofern eine ideale Besetzung für dieses Amt, als er eine Art wandelndes (christliches) Gewissen in der aufstrebenden und remilitarisierten Bundesrepublik war. Bezüglich seiner Astro-5 scheint er ein Durchschnittsmensch gewesen sein – geleitet von seinen religiösen Überzeugungen und nicht von seinen charakterlichen Anfechtungen. Heinemanns auffallendstes Merkmal ist die Offenheit, und tatsächlich zeigte er sich zeit seines Lebens und Wirkens immer sehr offen für neue soziale Bewegungen und Strömungen. Er hatte immer grosses Verständnis auch für die Verfehmten und Ausgestossenen der Gesellschaft. Dass bei ihm mit dieser Offenheit allerdings immer auch ein gesunder Opportunismus verbunden war, zeigte sich darin, dass er die schwierigen nationalsozialistischen Jahre auch als bekennender Christ praktisch unbeschadet überstand – wie auch immer das damals möglich war - und sogleich in der Nachkriegszeit wichtige Funktionen und Ämter übernehmen konnte.

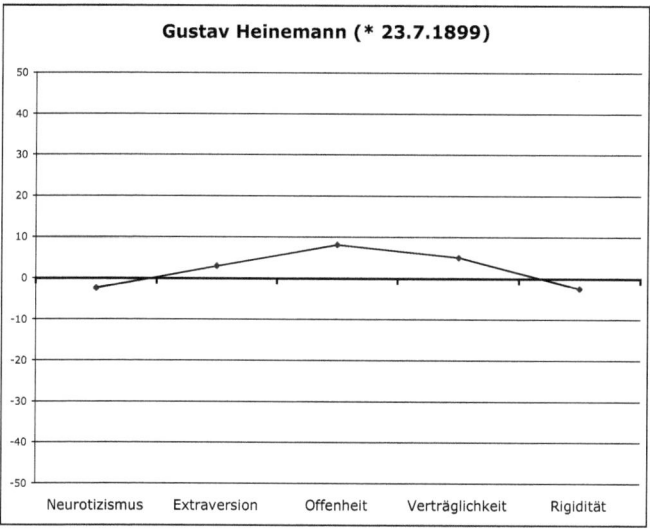

Walter Scheel. Dieser Bundespräsident passte blendend in die lustigen 70er Jahre. „Hoch auf dem gelben Wagen" sitzend und singend, liess er sich auf einer Welle der Popularität tragen. Er galt als offen und optimistisch, ein Freund feiner Lebensart. Etwas weniger klar ist jedoch, was er als Bundespräsident eigentlich so alles gemacht und geleistet hat. Er war offensichtlich nicht der Mann, der die Akzente setzte ...

Man sieht zwar, wie die hohe Sozialkompetenz anzeigenden Aspekte stark ausgeprägt sind, jedoch lässt die sehr tiefe Rigidität auf einen gänzlich unbeschwerten Charakter schliessen. Er war, wenn man so will, ein Spiegelbild des damals herrschenden Zeitgeistes.

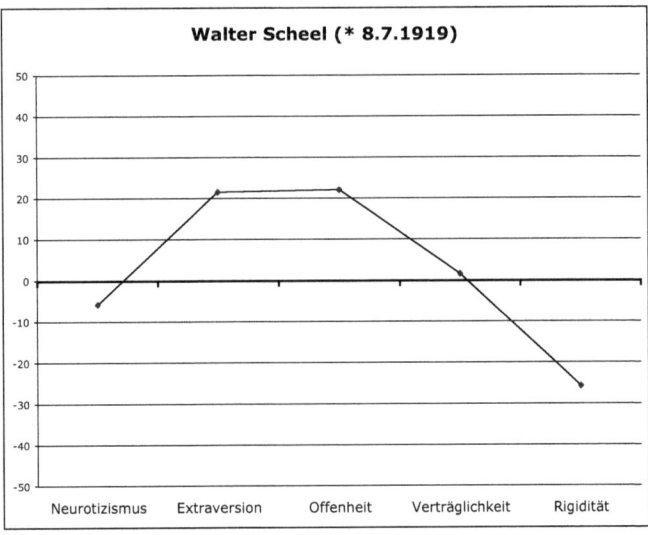

Karl Carstens. Er war der Bundespräsident mit der belasteten Vergangenheit: Die Mitgliedschaften bei SA und NSDAP konnten nicht bestritten werden, auch wenn sie natürlich vor dem Hintergrund der zeitgenössischen Bedingungen zu relativieren sind. Wir sehen hier einen ausgeprägten Saturniker vor uns, der trotz aller Anfechtungen eine beispiellose politische Karriere durchgezogen hat. Der eine oder andere rhetorische Missgriff machte ihn aber auch zum Gespött der Linken. Er galt als der „Wanderpräsident", der quasi *per pedes* den Kontakt zu den einfachen Leuten draussen auf dem Land suchte und fand. Das ist interessant! Anstelle von TV-Shows und grossen Auftritten wie Walter Scheel bevorzugte er offensichtlich die Einsamkeit der Natur und konnte sich bei dieser Gelegenheit unter völliger Missachtung protokollarischer Zwänge unters Volk mischen.

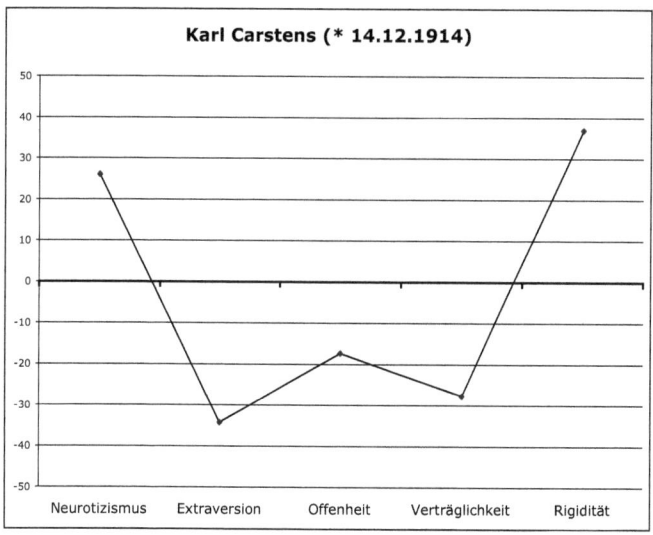

Dass er im Grunde ein systeminkompatibler Querkopf war und blieb, zeigt sich vielleicht in der Begebenheit, dass er in späteren Jahren zusammen mit seiner Frau – einer Fachärztin für Innere Medizin - eine Stiftung mit dem Ziel der Förderung von Naturheilkunde und Homöopathie gründete.

Richard von Weizsäcker. Er war gewiss der Bundespräsident, dem der staats- und weltmännische Auftritt am besten gelang. Es lag ihm sozusagen im Blut oder wurde ihm in die Wiege gelegt.

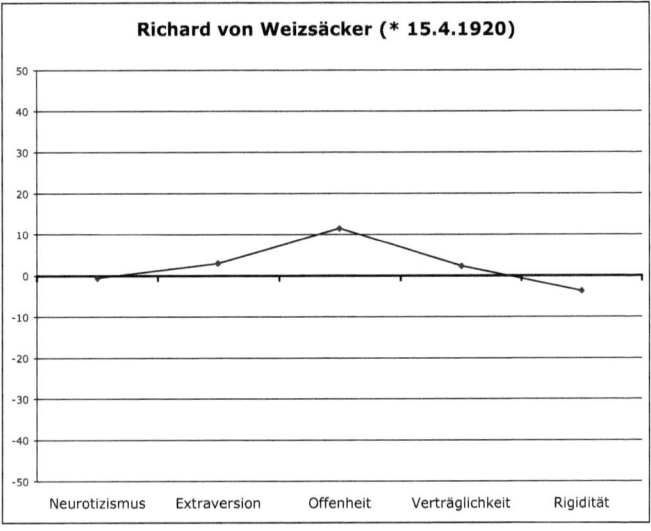

Seine Astro-5 haben eine grosse Ähnlichkeit mit denjenigen von Silvio Berlusconi – in der relativen Ausprägung sind sie sogar praktisch identisch. Gerade dieser irritierende Vergleich zeigt, dass der Charakter gemäss dem Astro-5-Modell nichts über moralische Wertmassstäbe aussagt. Richard von Weizsäcker mag uns sympathisch erscheinen und Berlusconi wie ein Widerling – und dennoch können ihre Charaktere praktisch deckungsgleich sein. Wie das?

Das vorherrschende Charaktermerkmal bei beiden ist die Offenheit, die wir schon bei Heinemann gesehen und thematisiert haben. Nun kann ein Haus verschiedene Türen haben, und je nachdem welche Tür offen ist, kommen diese oder jene Gäste und Einflüsse herein. Das Charaktermerkmal Offenheit ist keine moralische Eigenschaft, sondern lediglich ein *modus operandi*, der darüber Auskunft gibt, wie und in welchem Ausmass wir uns den sich aktuell darbietenden gesellschaftlichen Einflüssen öffnen. Richard von Weizsäcker hatte es wahrscheinlich mehr mit der Politik und der Philosophie, Berlusconi dagegen mehr mit anderen, eher profanen zeitgeistigen Phänomenen. Im gewissen Sinne waren aber beide „libertinös" in der Ausübung ihrer „Philosophie des Alltags". Bei Heinemann war ja diese geistige Grundhaltung mit christlichen Argumenten verbrämt, was bei von Weizsäcker weniger eine Rolle gespielt haben dürfte und bei Berlusconi gewiss gar nicht. Das heisst die ideologische Rechtfertigung einer charakterlich determinierten Haltung kann immer nur vorgeschoben sein.

Roman Herzog. Herzog war auch als Bundespräsident ein prinzipientreuer Jurist alter Schule. Seine Astro-5 offenbaren den Neptun-Typ, und sie haben damit eine grosse Ähnlichkeit mit denen von William Taft, der zuerst US-Präsident und danach Bundesrichter wurde; bei Roman Herzog war es genau umgekehrt: zuerst Richter am Bundesverfassungsgericht und dann Bundespräsident.

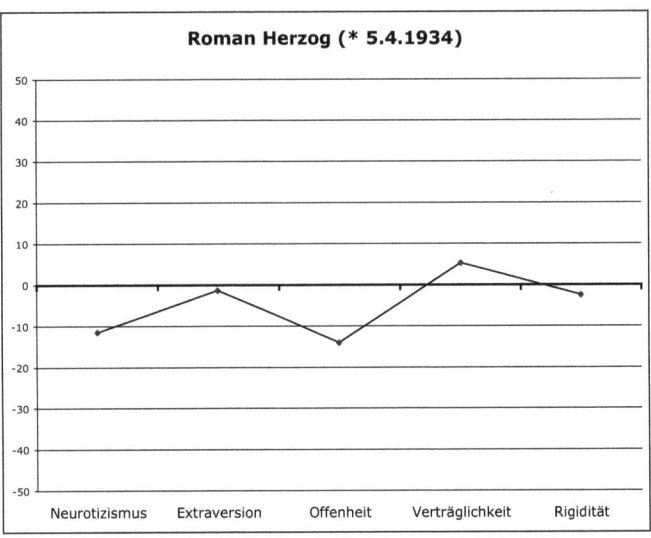

Die tiefe Offenheit zeugt hier von einer wertkonservativen Haltung, die danach trachtet, bewährte Institutionen und Regeln vor modischen und unausgereiften Neuerungen zu schützen.

In der öffentlichen Wahrnehmung gelten Leute mit dem Neptun-Profil als griesgrämig, während Menschen wie von Weizsäcker gerne als stimulierende Lichtgestalten wahrgenommen werden. Es fehlt den Neptun-Menschen diese gewisse Leichtigkeit, altbewährte Prinzipien über Bord zu werfen und risikofreudig neues auszuprobieren.

Johannes Rau. Aufgrund des relativ tiefen Werts für Neurotizismus müsste man Rau eine gute Bodenhaftung attestieren. Bei ihm dürfte jedoch nicht leicht sein, zwischen angeborenem (also z.B. Astro-5) und anerzogenem Charakter zu unterscheiden.

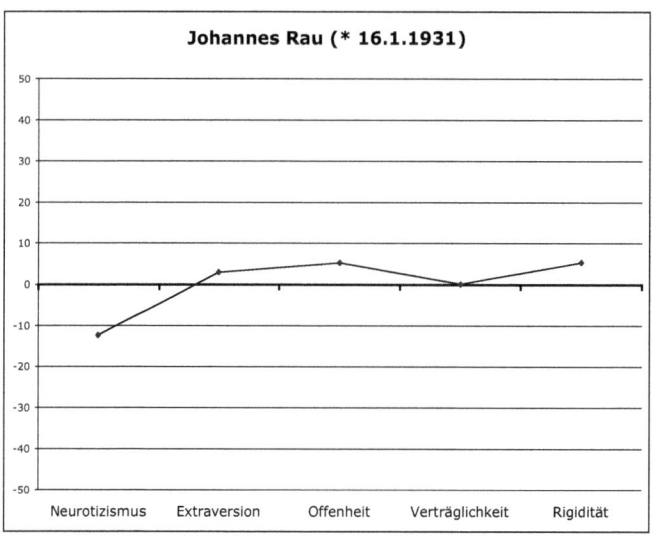

Sein Vater war offenbar ein vehementer Prediger wider den Teufel Alkohol, und auch Johannes Rau blieb dem evangelisch-freikirchlichen Umfeld verhaftet. Er hatte deshalb auch den Ruf eines „Bruder Johannes" und „Kirchentagschwätzers". Diese Scheinheiligkeit kontrastiert natürlich mit den diversen Skandalen und Affären, die seine Zeit als Ministerpräsident von Nordrhein-Westfalen überschatteten. Die Fähigkeit, solche Widersprüche im eigenen Leben auszuhalten, nennt man Resilienz; Johannes Rau war ausreichend damit versorgt. Im übrigen handelt es sich um ein unauffälliges Profil.

Horst Köhler. Dieser Bundespräsident wird in Erinnerung bleiben als jener, der ohne triftigen Grund plötzlich und überraschend von seinem Amt zurücktrat. Man hatte ihn zuvor wegen einiger umstrittenen Äusserungen zum Einsatz der Bundeswehr in Afghanistan kritisiert, was er als Angriff auf die Würde des Amtes auffasste; nach seinem Rücktritt wurde er aber erst recht kritisiert, weil er durch sein unüberlegtes und spontanes Verhalten das Amt beschädige.

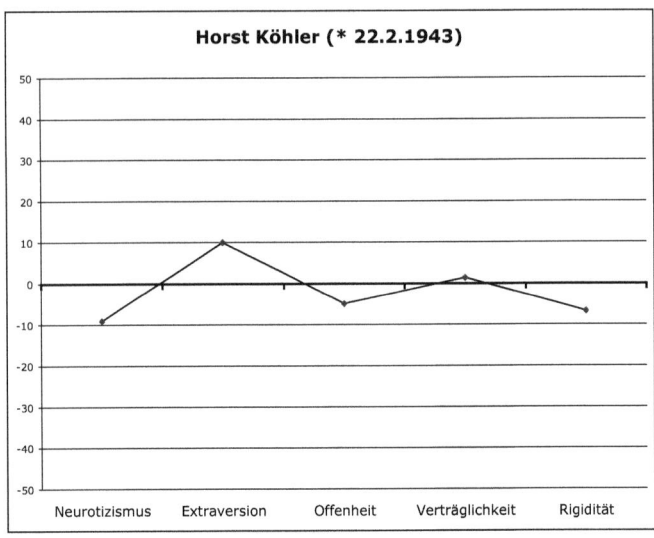

In der Tat war der Anlass für diesen Rücktritt eigentlich nichtig und im Grunde nichts weiter als das Geplärre im politischen Tagesgeschäft. Köhlers spontaner Rücktritt von diesem symbolisch wichtigen Amt muss wohl auf eine persönliche Befindlichkeit zurückgeführt werden. Ich vermute, es war verletzter Stolz. In Köhlers Astro-5 sehen wir die typische Signatur des Alphatiers – tiefer Neurotizismus und hohe Extraversion -, die zur Folge hat, dass die Träger dieser Charakteristik gerne zur Spitze drängen und dort auch bleiben wollen. Was diese Leute oft ganz und gar nicht vertragen, ist Insubordination und direkte persönliche Kritik „von unten".

Christian Wulff. Die Beschädigung des Amtes des Bundespräsidenten geschah dann doch noch: Christian Wulff wurde wegen einer finanziellen Lappalie wie ein Lamm auf die Schlachtbank der öffentlichen Verleumdung und Vorverurteilung geführt.

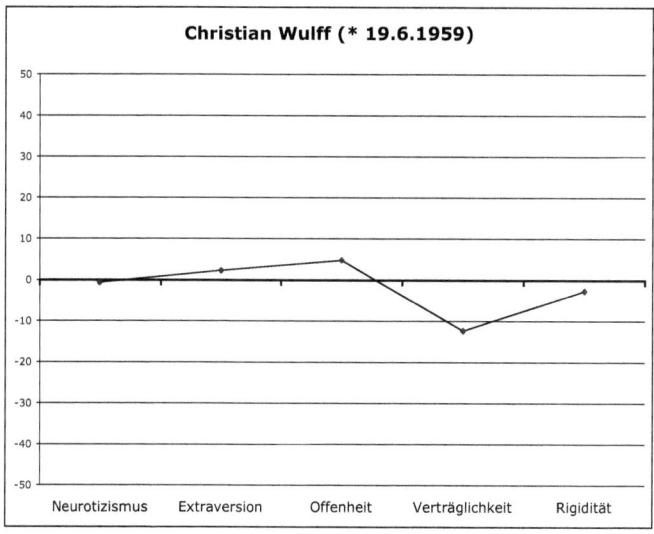

Ich möchte die Geschichte hier nicht wiederholen, zumal da jetzt, wo ich dies schreibe, gerade eben die groteske gerichtliche Fortsetzung dieser Scharade endlich ein Ende gefunden hat. Aber natürlich ist an Wulffs Astro-5 die ausgeprägt tiefe Verträglichkeit sehr auffällig. Kann ein solcher Mensch Freunde haben? Und ohne Freunde bietet auch das hohe Amt keinen Schutz, wie Wulffs Beispiel eindrucksvoll zeigt. Für eine politische Karriere ist dieses Astro-5-Profil wahrscheinlich eine sehr riskante Disposition, weil hier nicht einmal Beziehungsnetze reißen müssen, um ganz tief zu fallen – es sind vermutlich schlicht keine vorhanden.

Joachim Gauck. Das Astro-5-Profil von Gauck zeigt in Richtung „guter Kumpel" – gut geerdet, gut vernetzt. Aufgrund seiner belasteten Familiengeschichte und der ostdeutschen Prägung lässt sich seine Biografie nicht ohne weiteres mit der seiner Amtsvorgänger vergleichen. Gaucks Astro-5 gleichen denjenigen der US-Präsidenten Ford und Carter. Wir sehen hier einen gut verankerten Realisten vor uns, den nichts so leicht aus der Bahn wirft.

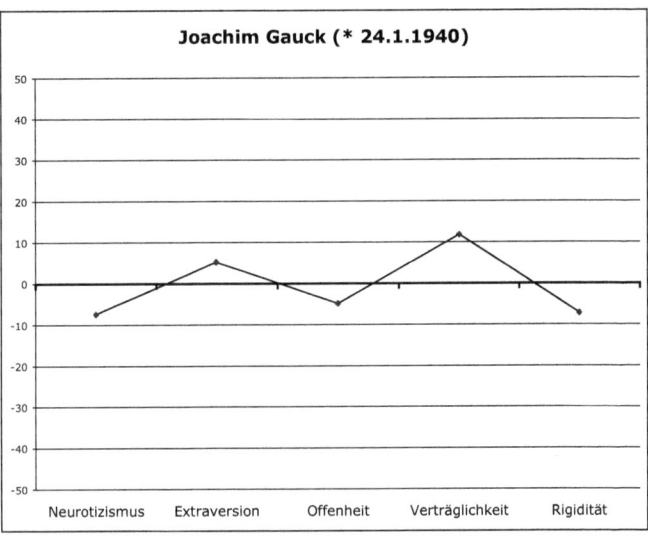

Charaktervergleiche

Im folgenden kommt ein sehr einfaches Verfahren zum Zug, um etwas mehr Licht in die Sache zu bringen. Es sollen die Astro-5 von zwei Personen, die vergleichbare Biografien aufweisen, in direkten Vergleich gebracht werden. Es sollen also die wichtigsten bekannten Parameter, welche die charakterliche Ausprägung beeinflussen können, kontrolliert werden, so dass hinsichtlich Persönlichkeit in etwa Gleiches mit Gleichem verglichen werden kann.

Bei diesen Parametern spielen Geschlecht, Alter, Nationalität und Beruf die wichtigste Rolle, zumal sie sich auch gut bestimmen lassen. Die Einflüsse von Vererbung, Elternhaus, Milieu, Lehrern, Mitschülern, Partnern und Freunden – obschon natürlich wichtig und prägend - lassen sich hingegen nicht sehr gut identifizieren. Wir vergleichen etwa zwei deutsche Politiker (männlich) desselben Jahrgangs, die es in ihrer Karriere etwa gleich weit gebracht haben (z.B. Bundesminister). Sofern sie nicht am selben Tag geboren wurden, werden wir wahrscheinlich mehr oder weniger grosse Unterschiede in ihren Astro-5 feststellen. Unsere Aufgabe wird es dann sein, ob diese von den Astro-5 ausgewiesenen Charakterunterschiede eine reale Grundlage haben. Und falls wir das bejahen könnten, so wäre damit natürlich immer noch nicht bewiesen, dass die Astrologie diesen Unterschied zu verantworten hat – es könnten immer noch die soziokulturellen Hintergründe die entscheidende Rolle gespielt haben. Aber je mehr wir solche positiven Beispiele finden, desto mehr verstärkt sich auch der Verdacht auf den astrologischen Zusammenhang. Und es wird vor allem auch darum gehen, prägnante Unterschiede im Charakterbild gegenübergestellter Kandidaten plausibel erklären zu können.

Deutsche Minister

Wir beginnen mit den deutschen Bundesministern, die unter den Kanzlern Schröder und/oder Merkel ein Ministeramt innehatten. Diese Politiker dürften den meisten noch in Erinnerung sein, und sie gehören auch einer Generation an, deren politische und private Tätigkeit schon ausreichend Spuren im Internet hinterlassen hat. Wir sind auf diese öffentlich zugänglichen Informationen angewiesen, um unsere Hypothese zu testen. Wie eingangs erwähnt vergleiche ich nur Personen, die minimal gleichwertige biografische Eckdaten haben: gleiches Geschlecht, gleicher Jahrgang, gleiche Partei, westdeutsche Herkunft.[12]

Natürlich müsste man noch weiter gehen und die Milieus der Herkunft unterscheiden: konfessionelle Erziehung, finanzielle Verhältnisse usw.; doch dieses wird teilweise schon durch die parteilichen Vorlieben abgebildet. Wie können hier ohnehin nur grobe Vergleiche anbieten, also oberflächliche Bestandesaufnahmen der von den Astro-5 angezeigten Charakterunterschiede.

Müntefering vs. Clement. Der Vergleich zwischen Franz Müntefering und Wolfgang Clement offenbart nur zwei erwähnenswerte Unterschiede: Müntefering müsste laut Astro-5 emotional etwas stabiler und auch sozial verträglicher sein als Clement.

Clement hat ein sehr ausgeglichenes Profil nahe der Null-Linie. Allenfalls könnte man ihn wegen des erhöhten Neurotizismus als schwachen Saturniker bezeichnen, während Müntefering dem Neptun-Typ gleicht.

---

[12] Da systembedingte Charakterausprägungen für die betroffenen Generationen vermutlich doch existieren, wurde hier ein einschränkendes Kriterium zugunsten westdeutscher Biografien definiert.

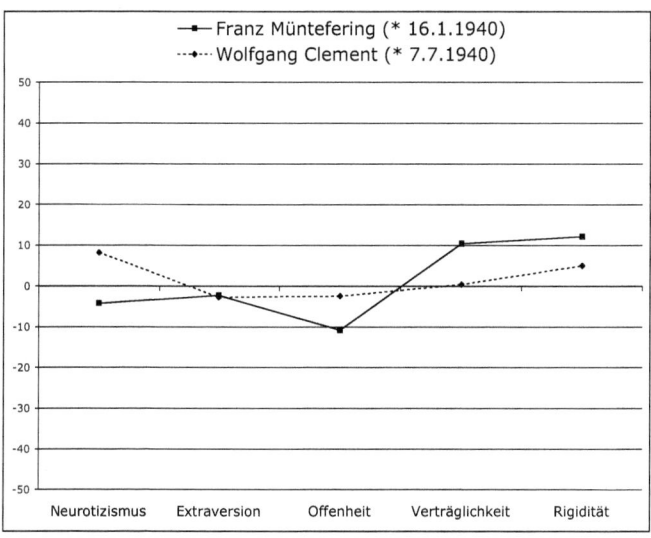

In der Tat sind von Clement weitaus mehr unüberlegte Äusserungen überliefert als von Müntefering, und vor allem sind sie oft auch gegen die eigene Klientele gerichtet, was als klares Indiz für erhöhten Neurotizismus gewertet werden kann. Als Clement vor der Landtagswahl 2008 in Hessen in einem Zeitungsartikel vor der Wahl seiner eigenen Partei warnte, da brannten bei ihm wohl einige Sicherungen durch. Wenn er etwa Sozialhilfeempfänger als „Schmarotzer" bezeichnet, dann legt er sich ziemlich sicher mit der eigenen Wählerbasis an, wenn hingegen Müntefering gegen spekulative Investoren oder Steueroasen wettert, dann ist ihm der Applaus aus dem Publikum sicher. Um also wie Clement den Stachel gegen das eigene Parteivolk auszufahren, der könnte womöglich ein Problem mit seiner Impulskontrolle haben und wäre demzufolge ein Opfer eines erhöhten Neurotizismus. Denn man mag wohl vieles denken, aber man sollte, vor allem auf der politischen Bühne, nicht immer alles sagen. Um hingegen wie Müntefering politisch mit den Wölfen zu heulen, der muss den Geruch des Rudels verströmen und ist daher mit einer hohen Sozialverträglichkeit gut bedient.

Struck vs. Lafontaine. Auch zwischen Peter Struck und Oskar Lafontaine liegen die entscheidenden Unterschiede in den Aspekten Verträglichkeit und Neurotizismus, und auch noch ein wenig bei der Offenheit. Die Werte von Struck enthalten das charakteristische „Alpha-Signal", bei Lafontaine fällt hingegen die hohe Verträglichkeit auf, und überhaupt die Tatsache, dass er ausser bei der Rigidität nur positive Werte aufweist. Struck gleicht ein wenig dem Sonne-Typ und Lafontaine dem Mond-Typ.

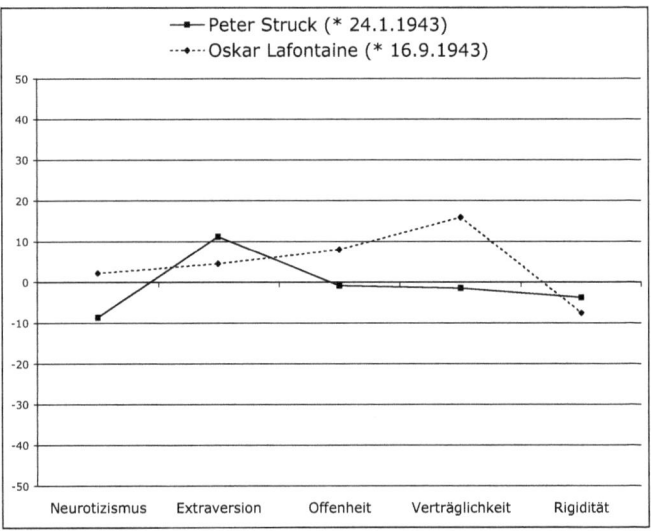

Haken wir zuerst die weniger bedeutenden Unterschiede ab: Es ist wohl nicht ganz falsch zu behaupten, dass Struck der emotional stabilere und etwas weniger offene Mensch ist als Lafontaine. Umgekehrt hätte es überrascht! Und auch dass Struck bei der Verträglichkeit negativ punktet, kann nicht wirklich überraschen. Doch ist Lafontaine, der Abtrünnige, wirklich ein so verträglicher Mensch, oder zeigen hier die Astro-5 ein falsches Bild?

Lafontaines Biografie ist wechselhaft und das auf ihn verübte Attentat (1990), bei dem er nur knapp dem Tod entronnen ist, hat ihn für die späteren Jahre stark geprägt. Es gibt aber gewiss eine Konstante in seiner politischen Tätigkeit, nämlich sein Positionsbezug für die sozial Schwachen. Er gilt deshalb auch als der grösste Populist im politischen Betrieb Deutschlands. Bei Lafontaine scheint mir sein Wunsch nach sozialer Nähe evident: Nicht nur seine vier Ehen legen davon Zeugnis ab, sondern auch die berüchtigte Rotlichtaffäre, die seine Nähe zum anrüchigen Milieu aufdeckte. Ich würde Lafontaine als „soziales Tier" bezeichnen, das ein feines Sensorium für die Nöte und Sorgen vor allem auch der „kleinen Leute" hat.

Steinbrück vs. Scharping. Zwischen Peer Steinbrück und Rudolf Scharping fällt eigentlich nur der eklatante Unterschied in der Verträglichkeit auf.

Aber dieses folgende Bild ist durchaus plausibel, eigentlich sogar ein Volltreffer! Steinbrück ist bekannt für seine ruppige, aneckende Art (die Schweizer kennen ihn als „Peitschen-Peer"), insofern kann seine Verträglichkeit eigentlich nur negativ sein. Scharpings Profil hingegen lässt auf eine Person mit ausgeprägten sozialen Instinkten und Fähigkeiten schliessen, und angesichts seiner öffentlich zelebrierten Frauengeschichten muss man annehmen, dass bei einem solchen Profil die Früchte nicht nur auf dem politischen Parkett anfallen. Hier sind gewisse biografische Parallelen zu

Lafontaine nicht zu übersehen. Dass es bei Politikern dieser Klasse mit der Rigidität nicht allzu weit gehen darf, wollen wir nur am Rande vermerkt haben.

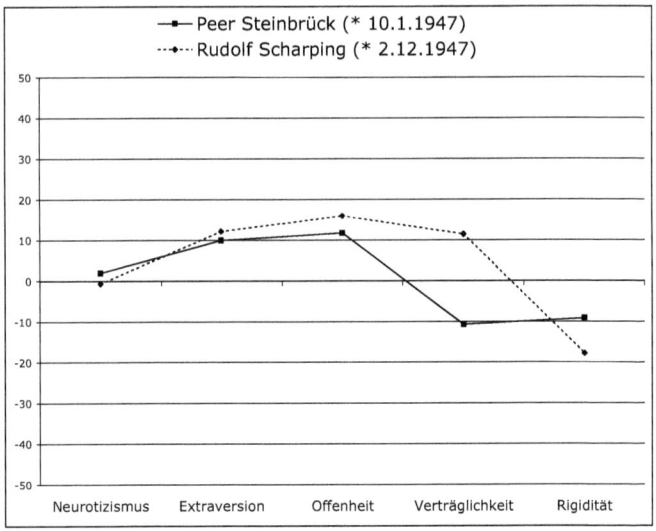

Jung vs. Seehofer. Seehofer ist ein politischer Hansdampf in allen Gassen, und sein eher flaches Charakterprofil hilft ihm, diese Rolle ohne Ecken und Kanten zu spielen. Saturnische Charaktere wie Jung hingegen müssen immer mit schicksalhaften Wendungen rechnen, und so widerfuhr es auch ihm, als er genötigt war zu sagen: „Ich übernehme damit die politische Verantwortung für die interne Informationspolitik des Bundesverteidigungsministeriums gegenüber dem Minister bezüglich der Ereignisse vom 4. September in Kunduz". Das ist eine seltsam verklausulierte Formulierung für „Diese Idioten haben's versaut!"

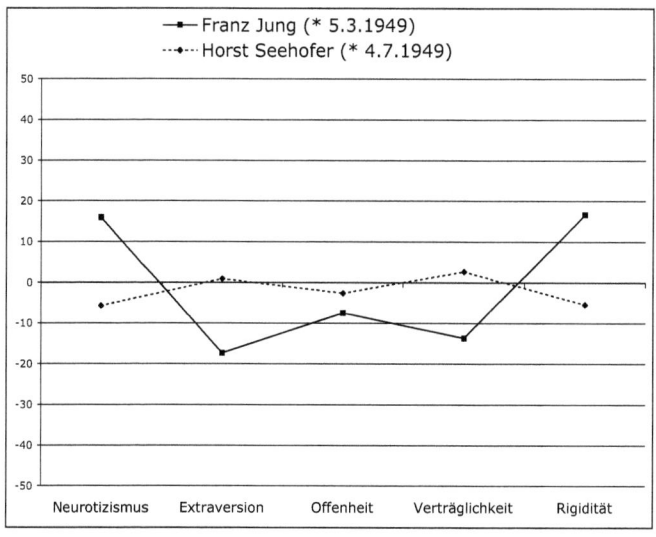

Jung hatte ein sehr technokratisches Verständnis betreffend Amtsführung, was sich in verschiedenen umstrittenen Entscheidungen äusserte. Diese kühle, distanzierte Art scheint mir ziemlich charakteristisch für Saturniker zu sein. Dies kann mitunter auch bedeuten, dass man die Sache dem Menschen vorzieht, was eigentlich selten eine gute Option ist, wenn man mit Menschen zu tun hat. Man erinnere sich hier etwa an seine Androhung, notfalls - etwa in Abwendung einer terroristischen Bedrohung - auch Passagierflugzeuge abschiessen zu lassen und sich erst hinterher um die rechtlichen Aspekte einer solchen Tat zu kümmern. Diese Aussage mag als politische Provokation gedacht gewesen sein, um gewisse gesetzgeberische Aktivitäten in die genehme Richtung zu drehen, aber vielleicht zeugt sie auch nur von einer inhumanen Kaltschnäuzigkeit.

Seehofer dagegen ist Repräsentant des charakterlichen Durchschnitts, und man darf annehmen, dass er selten mit Worten und Taten in Erscheinung tritt, aufgrund derer man ihn eindeutig einordnen könnte. Bevor es hart auf hart käme, würde er wohl eher noch einige politische Pirouetten drehen, um im Konsens mit der öffentlichen Meinung zu sein. Saturniker beziehen nicht selten eine fast unverrückbare Stellung, ohne ihr Gründe und Absichten offenzulegen. Durchschnittstypen wie Seehofer erklären sich dagegen viel und oft mit dem Wind.

Pofalla vs. Gabriel. Sigmar Gabriel ist für seine „fortschrittlichen" Auffassungen bekannt. Sein Aktivismus in Sachen Umwelt dürfte aber weniger auf echten Überzeugungen, sondern eher auf populistischem Opportunismus gründen; dafür finden sich in seiner politischen Biografie zahlreiche Hinweise. Aber für den „offenen" Menschen zählt ja weniger die Botschaft, sondern dass er selbst Botschafter ist, egal für oder gegen was. Gabriels Profil offenbart ein „politisches Tier" reinster Sorte.

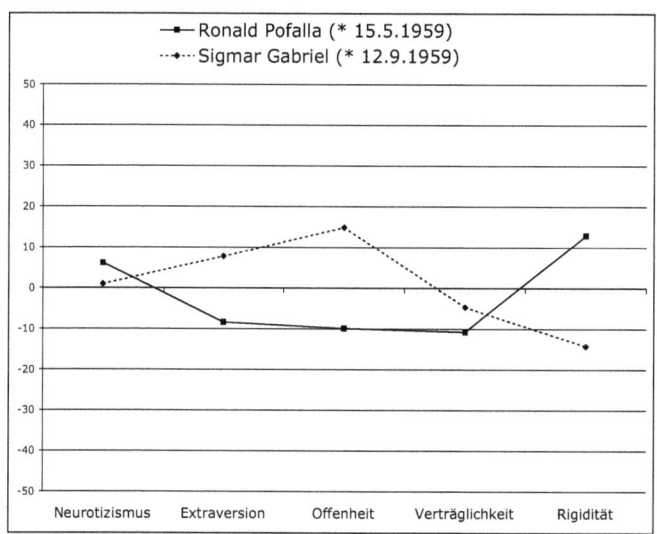

Pofalla hingegen ist eindeutig ein saturnischer Charakter, allerdings mit noch weniger Offenheit als gewöhnlich bei diesem Typ. Im politischen Betrieb glänzte Pofalla immer wieder mit seinen verbalen Entgleisungen. Als Stichworte seien hier aufgeführt: Pofalla soll[13]

- ein hitziges Gemüt haben,
- eine unpassende Ausdrucksweise,
- mit FDP-Generalsekretär Niebel heftig aneinandergeraten sein,
- Verteidigungsminister Guttenberg als „Rumpelstilzchen" verspottet haben,
- seinen Parteikollegen Bosbach verbal angegriffen haben („Ich kann deine Fresse nicht mehr sehen"),

---

[13] *de.wikipedia.org* (2.6.2013)

- die im Grundgesetz garantierte Entscheidungsfreiheit von Abgeordneten mit der Bemerkung „Ich kann den Scheiss nicht mehr hören" kommentiert haben.

Man könnte sein ungehöriges Benehmen natürlich auch mit seiner Herkunft aus einfachen sozialen Verhältnissen erklären, aber im Sinne einer korrekten Abklärung der Ursache-Wirkungs-Beziehung müsste man dann auch untersuchen, ab Saturniker vielleicht überdurchschnittlich oft in bescheidene soziale Milieus hineingeboren werden, damit sich ihre Veranlagung und ihr Schicksal um so sortenreiner entwickeln kann. Denn ohne die aktivierenden Stressfaktoren bleibt der wahre Charakter oft verborgen.

Mit einer solchen Fragestellung wäre das Thema Vorsehung angeschnitten. Vielleicht würde sich ja bei genauerer Untersuchung dieses Problems ergeben, dass die Frage, ob Genetik, Herkunft oder gar Astrologie charakterprägend sind, eigentlich müssig ist – weil nämlich die Vorsehung dafür gesorgt hat, dass alles zusammenpasst. Denn man muss sich schon fragen, ob es reiner Zufall ist, dass ausgerechnet der Saturniker Pofalla mit einer schweren strafrechtlichen Anschuldigung (Steuerhinterziehung) konfrontiert wurde, die offensichtlich ein politisches Ablenkungsmanöver war und die sich dann auch im Nachhinein als völlig haltlos erwies.

Sind Saturniker die geborenen Opfer? Das ist durchaus möglich, denn ihr Charakterprofil macht sie nicht spontan zu Sympathieträgern und Vorbildern – zumindest nicht aus dem Blickwinkel des heutigen Zeitgeistes. Man vergleiche hierzu einmal die Nachsicht durch das deutsche und insbesondere bayerische Establishment, die den Präsidenten des FC Bayern München, Uli Hoeness, in ein mildes Licht tauchte, als sein Multimillionen-Steuerbetrug ruchbar und gerichtlich aktenkundig wurde. Hoeness hat in etwa das gegenteilige Profil von Pofalla, insbesondere eine ausgeprägte Verträglichkeit, und da überrascht es uns nicht, wenn wir eine solche

Persönlichkeit im Zentrum eines gefälligkeitlichen Amigo-Netzwerks finden. Im Gegenteil, man hatte in „seinen Kreisen" eigentlich mehr Mitleid mit dem armen Mann, der angesichts seiner „Verdienste" einen solchen gesellschaftlichen Absturz „nicht verdient" hatte, da er ja erst noch vor kurzem als ein vertrauenswürdiges „Vorbild" für die ganze Nation gepriesen wurde.

Politische Prominenz

Wir wollen nun noch einige weitere interessante Charaktertypen aus dem Politbetrieb der letzten Jahrzehnte ausleuchten; die Auswahl beruht in erster Linie auf der zur Zeit der Niederschrift aktuellen medialen Aufmerksamkeit und ist insofern zeitbedingt zufällig.

Die Causa Möllemann. Der Rückblick eines Journalisten auf seine erste Begegnung mit einem FDP-Spitzenpolitiker offenbart interessante Hinweise auf dessen charakterlichen Eigentümlichkeiten:[14]

- Small Talk beherrschte unser Gastgeber ebenso gut wie das politische Pingpongspiel.
- Plötzlich klingelt das Telefon. "Guten Morgen, Hans-Dietrich", begrüsst Jürgen Möllemann den Anrufer. Wir erstarren vor Ehrfurcht: Wir sind Gäste bei Möllemann, während der offenbar mit Hans-Dietrich Genscher telefoniert.
- Er protzt mit bis zu drei täglichen Telefonaten mit "meinem persönlichen Freund". Weltgeschichte im Wohnzimmer, in Münster am Coesfeldweg.
- Sein Talent als Kommunikator, als Showmaster, als Politiker, der den Eindruck zu vermitteln verstand, uns Schüler ernst zu nehmen, sich vielleicht sogar für uns zu interessieren.
- Möllemann stand für politische PR in eigener Sache, gern provozierend und pointiert.
- Er war auch ein politisches Gesamtkunstwerk.
- "Dünnbrettbohrer".

---

[14] *welt.de* (2.6.2013): Möllemann und die vielen Anrufe von "Hans-Dietrich".

- "Und immer wenn du glaubst, es geht nicht mehr, kommt irgendwo ein (ziemlich) kleines Lichtlein her", hatte Möllemann der Arbeit als Motto vorangestellt.
- An Ironie liess es Möllemann nie mangeln. Der Übergang zum Zynismus war fliessend.
- Liebte den pompösen Auftritt.
- Grossspurig.
- Aktionskünstler.
- Unbändige Lust am politischen Spiel.
- Warf für einen grenzenlosen Populismus allerlei liberale Grundsätze über Bord.
- Wer erahnte, dass er sich selbst so an den Rand der Gesellschaft euphorisierte?
- Besass Strahlkraft, er konnte begeistern.
- Man konnte wunderbar mit ihm frotzeln, am liebsten über seine Parteifreunde.
- Luftikus-Attitüde.
- Die grosse Show hingegen, das war die Sache von Jürgen Möllemann.
- Politische Rauflust.
- Jürgen Möllemann aber überbot seine politischen Konkurrenten, wie üblich.
- Rhetorisch geschickt und gewitzt.
- Möllemann nahm es, wie meistens, locker.
- Allzu gern nahm Möllemann vor anderen Menschen Anrufe entgegen. Immer wieder begrüsste er "Hans-Dietrich". Wer immer gerade auch in der Leitung war.

Leute mit Möllemanns Astro-5-Profil sind offenbar anfällig für Grossmannssucht und Hybris. Hohe Extraversion und tiefe Rigidität sind hierzu die erforderlichen Zutaten. Möllemanns angebliche Lockerheit passt übrigens nicht zu seinem kindischen Bemühen, seinen Gästen nicht existierende Telefonanrufe vorzutäuschen, die seine Wichtigkeit hervorgehoben hätten. Anruf vom Chef – mehrmals am Tag!

So bleibt von der Lockerheit nur noch der Luftikus, der substanzlose Blender.

Genscher war Möllemanns Ziehvater. Charakterlich waren sie sprichwörtliche Antipoden, wie im folgenden Bild zu sehen ist:

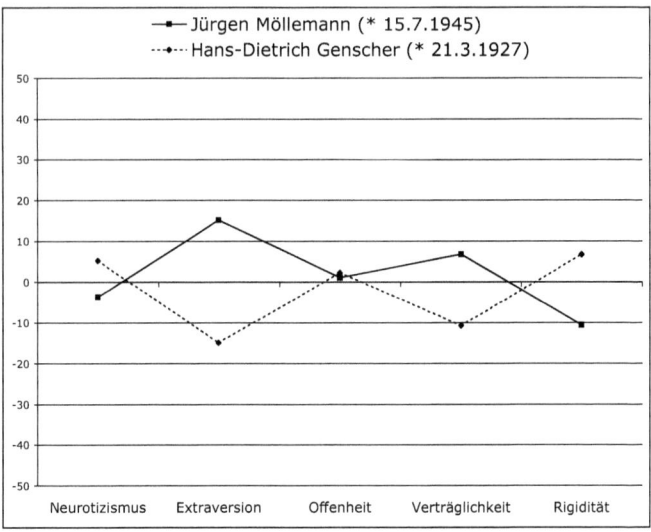

Welche Worte jemand zwecks Charakterisierung seines Gegenübers wählt, hängt nicht zuletzt auch von seiner eigenen Verfasstheit ab. Insgesamt zeichnet hier aber der Journalist ein sehr gelungenes und in sich stimmiges Charakterbild dieses Politikers.

Es ist nun aber gut vorstellbar, dass einige saturnisch veranlagte und daher latent verdriessliche Parteioberen oder andere einflussreiche Leute, mit denen nicht gut Kirschen essen war, auf die Dauer nicht glücklich waren mit den Eskapaden und populistischen Schüben und Einschüben von

"Riesenstaatsmann Mümmelmann" (Strauss über Möllemann[15]). Die Umstände seines Todes bleiben mysteriös.

Rhetorik und Populismus. Bei den beiden CSU-Granden Strauss und Stoiber zeigt sich die wohl nicht überraschende Tatsache, dass Strauss das sozial dominantere Profil aufweist. Wir sehen bei ihm das klare Alpha-Signal: tiefer Neurotizismus und hohe Extraversion. Bei Stoiber sind diese Werte durchschnittlich; hingegen punktet er mit hoher Verträglichkeit. Stoibers Profil ist somit sozusagen „mondlastig", während Strauss eher auf der „sonnigen Seite" der Charaktereigenschaften steht. Inwiefern diese verschiedenen Charakterdispositionen beispielsweise auf den rhetorischen Stil Einfluss haben, darüber kann man Vermutungen anstellen, wenn man sich das Videomaterial im Internet anschaut, mit dem die Redekünste dieser beiden Politiker thematisiert werden. Von Stoiber gibt es da zuhauf Sammlungen mit „lustigen Versprechern", wohingegen von Strauss eigentlich nur Anschauungsmaterial von brillanter Rhetorik existiert.

Nun sind rhetorische Fähigkeiten natürlich keine Charaktereigenschaft, aber andersrum beeinflussen die charakterlichen Ausprägungen zweifellos unsere mental-motorischen Fähigkeiten, etwa den Redefluss. Man kann diesen Sachverhalt am Beispiel dieser beiden Politiker sehr gut studieren und dann allenfalls seine Schlüsse ziehen.

Es ist offensichtlich, dass Strauss authentischer wirkt; er ist geradezu der Prototyp der politischen Saftwurzel. Stoiber hingegen wirkt irgendwie gehemmt, fahrig, nicht so ganz bei der Sache. Seine Versprecher und Aussetzer sind darum auch legendär und ein ewiger Quell der Belustigung. Stoibers Problem könnte vielleicht darin liegen, dass er das politische

---

[15] *spiegel.de/politik/deutschland/sprucheklopfer-zitate-von-und-ueber-juergen-moellemann-a-219158.html.*

Alphatier spielen muss, obwohl er es von seiner charakterlichen Veranlagung her gar nicht ist. Wer das politische Erbe von Strauss antreten will, wird immer unter besonderer Beobachtung stehen und mit dem Original verglichen werden. Er muss den politischen Gegner beschimpfen, obwohl er vielleicht lieber ein netter, freundlicher Kumpel wäre. Er kann daher immer nur eine missratene Kopie von Strauss sein, der ja seinerseits innerlich auch wirklich war, was er nach aussen trug und verkörperte. Diese psychologischen Dissonanzen, diese Widersprüche zwischen Veranlagung und Rolle wirken zweifellos auf das Sprachzentrum zurück. Aussetzer und peinliche Versprecher können die Folge sein.

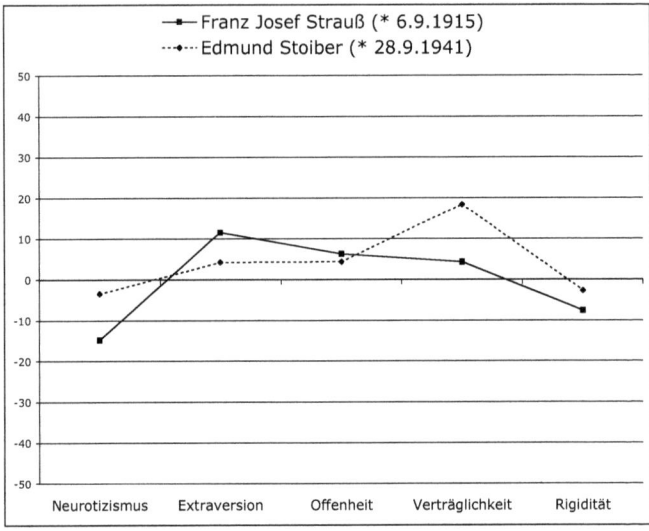

Bei Helmut Schmidt, einem anderen begnadeten Rhetoriker, zeigen die Astro-5, wie oben zu sehen war, ein ganz anderes Profil als bei Strauss. Es überrascht daher nicht, dass Schmidt einen völlig anderen politischen und rhetorischen Stil als Strauss pflegte. Dass zwei ganz unterschiedliche Persönlichkeiten wie Schmidt und Strauss als je auf ihre Art authentische Politiker und brillante Rhetoriker wahrgenommen wurden, hat wohl damit zu tun, dass bei ihnen Rolle und Persönlichkeit kongruent waren. Schmidt spielte die Rolle des kühlen Sachpolitikers, der sich nicht emotional verstricken liess; und er musste diese Rolle nicht spielen, er verkörperte sie, so wie Strauss den dominanten und manipulativen Machtpolitiker verkörperte.

Das Urgestein der Rhetorik im bundesdeutschen Politzirkus war zweifellos Herbert Wehner, und in neuerer Zeit fällt Gregor Gysi durch einen eminenten Sprechfluss auf.

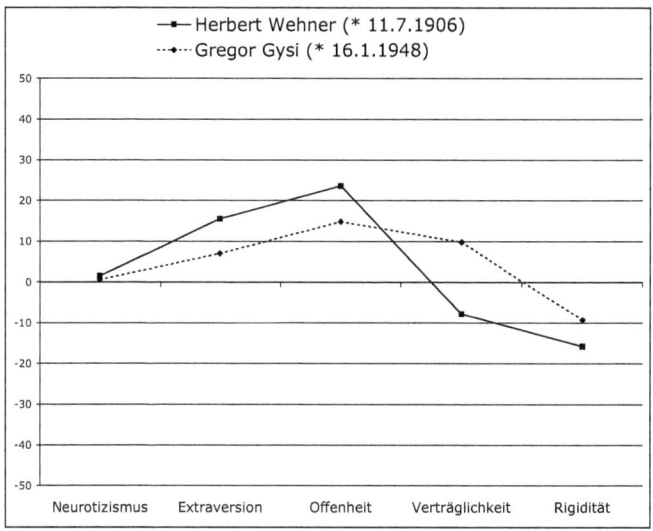

Ihre Astro-5-Profile zeigen grosse Ähnlichkeit mit der Ausnahme, dass bei Wehner die Verträglichkeit – wohl nicht überraschend – negativ punktet. Auch diese zwei Rednertalente sind im Internet mit vielfältigem Videomaterial vertreten, und es wird dabei auch klar, dass Gysi nicht ganz so „böse" und unerbittlich wirkt wie Wehner. Man kann nun darüber spekulieren, dass seine im Vergleich zu Wehner hohe Verträglichkeit einen Schleier von Milde über seine rhetorischen Ausfälle legt.

Bei beiden fällt die hohe Offenheit auf. Ich habe weiter oben das Bild mit den verschiedenen Türen gebracht, durch die, wenn sie offen sind, Einflüsse aus verschiedenen Richtungen und unterschiedlicher Qualität in das Haus der Seele eintreten können. Ich hege die Vermutung, dass bei Leuten mit ausgeprägter Offenheit eine bestimmte Tür besonders oft und dann auch weit offen steht: nämlich das grosse Portal in Richtung Selbstgefälligkeit und Narzissmus. Gut reden können ist das eine, sich selbst gerne reden hören das andere, aber vielleicht nicht weit vom ersteren entfernt. Auch die Ergriffenheit von den eigenen Ideen, Gedanken und Taten gehört dazu. Durch diese Art von Selbsterhöhung kann sodann ein Charisma entstehen, das beim Publikum als Überzeugungskraft durchaus auch positiv wahrgenommen wird. Bei den amerikanischen Präsidenten der neueren Zeit sind Clinton und Kennedy die prototypischen Beispiele. Hohe Offenheit scheint eine nützliche Voraussetzung zu sein, um sich eine populären Nimbus zu verschaffen und entsprechend erfolgreich populistische Agitation zu betreiben.

Wenn wir bedenken, dass eine der Facetten des Merkmals Offenheit „Aktionen" lautet, dann könnte man Politiker wie Berlusconi oder Blocher eigentlich auch als „Aktionskünstler" bezeichnen; ihre „Performance" würde sich dann an der Zustimmung des Publikums bemessen. Es ist somit vielleicht kein Zufall, dass rhetorisch begabte Menschen mit dem Merkmal Offenheit ausreichend versorgt sind: vielleicht suchen sie mit ihren Äusserungen und Hervorbringungen einfach nur den Applaus, der ihnen entgegenbrandet, wenn sie das Portal ihres Narzissmus durchschreiten.

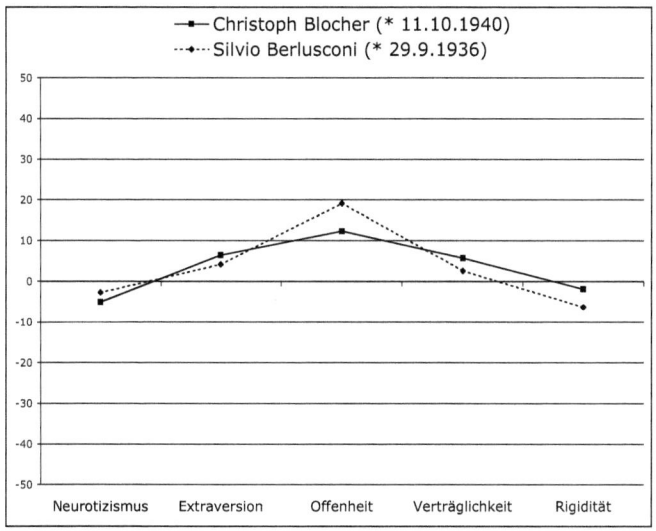

Wer im Politzirkus die niederen Instinkte des Volkes bedient, gilt als Populist oder Schlimmeres. Aber nur einfach rechtsnationales Gedankengut zu verbreiten, macht noch keinen zum Populisten. Echte Populisten sind eben immer auch populär im eigentlichen Sinne und kommen bei vielen Leuten gut an – eine hohe Offenheit ist hierzu gewiss sehr dienlich. Man vergleiche einmal die Herren Haider und Le Pen!

Haider war ein „Jubel-Populist", also ein überzeugend auftretender, gut vernetzter, persönlich umgänglicher Politkumpel, der eine grosse Wählerschaft für sich einnehmen konnte, während der Saturniker Le Pen als polternder Querulant nicht wirklich eine Bedrohung fürs politische Establishment war. Der Vergleich ist natürlich nicht unproblematisch, weil die beiden unterschiedlichen

Generationen angehören. Aber der Erfolg von Le Pens Tochter Marine zeigt doch sehr gut, dass die gleiche Botschaft, menschlich sympathisch verpackt, sofort markant höhere Wähleranteile gewinnen kann.

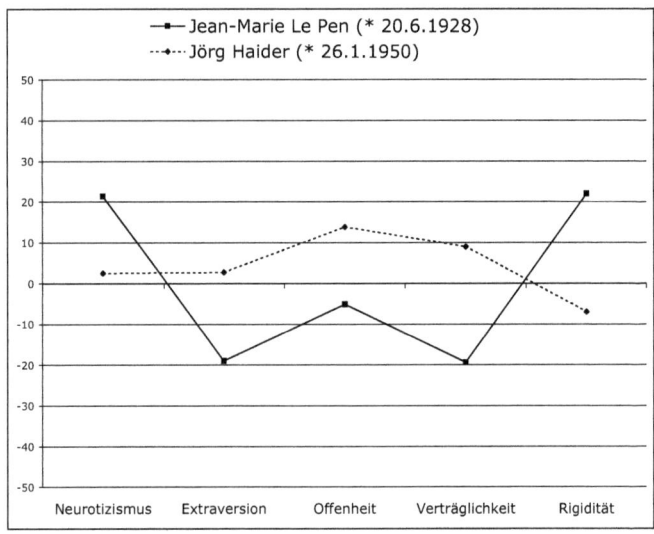

Egomanen und Liebhaber. Niemand wird bezweifeln wollen, dass mit François Hollande und Nicolas Sarkozy zwei ganz unterschiedliche Charaktertypen das Amt des französischen Staatspräsidenten vereinnahmten. Der so prinzipienstark wirkende Sarkozy wurde auch schon als kleiner Napoleon und Egomane bezeichnet, der immer freundlich lächelnde Hollande hingegen glänzt mit peinlichen Liebesaffären.

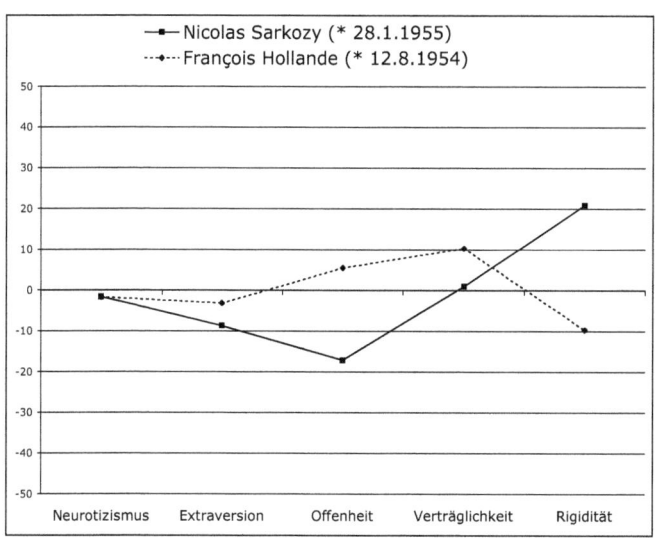

Nun war auch Sarkozy mehrfach verheiratet, und es könnte durchaus sein, dass die eine oder andere Ehe infolge einer Affäre scheiterte – jedoch wurde trotz Gerüchten nie etwas Derartiges bekannt. Bei Hollande hingegen hatten die Seitensprünge oft einen pubertär-romantischen Beigeschmack, was angesichts des Amtes und des fortgeschrittenen Alters des Täters in der Öffentlichkeit mit Häme kommentiert wurde. Wenn es gut läuft, sind Typen wie Hollande sehr beliebt; wenn es schlecht läuft, stehen sie buchstäblich im Regen!

Sarkozy gilt als rigider Verfechter von Law-and-Order, jedoch scheint er es selbst mit den Gesetzen nicht so genau zu nehmen, zumindest wenn es um Geld und Geschäfte geht, und wenn man glaubt, was von der Staatsanwaltschaft behauptet wird. Wie passt das zusammen? Es ist zum gegenwärtigen Zeitpunkt schwer einzuschätzen, ob er sich tatsächlich unrechtmässig bereicherte oder anderweitig illegal handelte, oder ob er vor allem ein Opfer von Verleumdungs- und

Schmutzkampagnen ist (was er ja auch tatsächlich schon war). Seine hohe Rigidität schützt ihn ja nicht vor strafrechtlichen Verfehlungen, sie wäre allenfalls eine gute Voraussetzung, Straftaten besonders gut zu planen und sorgfältigst durchzuführen. Anders Hollande: Seine unpassenden Liebesabenteuer wurden meist sehr spontan und stümperhaft in Angriff genommen, weshalb sie dann ja auch aufflogen und die öffentliche Rache der Betrogenen nach sich zogen.

Sportler

Verlassen wir einmal den Spielplatz der Politik und wechseln in ein berufliches Umfeld, in dem die Protagonisten fast ebenso oft wie Politiker in Mikrofone sprechen: Begeben wir uns in die Arenen des Sports!

Klinsmann vs. Löw. Symbolkräftig und klar wird das Bild, wenn wir gänzlich unterschiedliche Persönlichkeiten gegenüberstellen, die sich in fast allen Aspekten unterscheiden, deren Astro-5-Profile sich quasi an der Nullachse spiegeln. Die beiden Bundestrainer Jürgen Klinsmann und Joachim Löw geben dafür ein gutes Beispiel ab. Wenn wir die beiden Profile ganz unbefangen betrachten, dann kommen wir ins Grübeln und stellen uns sofort die Frage, ob diese beiden Bundestrainer wirklich so verschieden sind – und das müssten sie ja sein, wenn die Astro-5-Theorie stimmt. Über die sportlichen Erfolge der beiden brauchen wir hier nicht zu diskutieren, denn uns interessieren hier nicht Erfolge oder Misserfolge an sich, sondern allenfalls die Art und Weise, wie sie erreicht und verarbeitet wurden.

Klinsmann gilt als ein Trainer, der sehr systematisch und methodisch vorgeht und sich von nichts und niemandem beirren lässt. Er lässt sich auch nicht von Traditionen beeinflussen, und während seiner Zeit als Bundestrainer war ihm die Reform des DFB mindestens genauso wichtig wie die Erfolge seiner Mannschaft. Als Trainer der amerikanischen Nationalmannschaft funktioniert er genauso: Siege oder Niederlagen sind ihm einerlei, wenn er noch nicht dort ist, wo er mit der Mannschaft hin möchte. Sein Verständnis des Fussballspiels ist wohl eher technokratischer Natur. Sein Verhältnis zu den Medien ist öfter mal angespannt, zurzeit in den USA genauso wie damals in Deutschland. Im persönlichen Umgang ist er locker und unkompliziert, aber es kann ihm auch schon mal ein böses Wort entgleiten. Er hat eine humorvolle Art, die es ihm immer wieder erlaubt, seinen Kritikern den Wind aus den Segeln zu nehmen oder eine belastete Situation zu entschärfen.

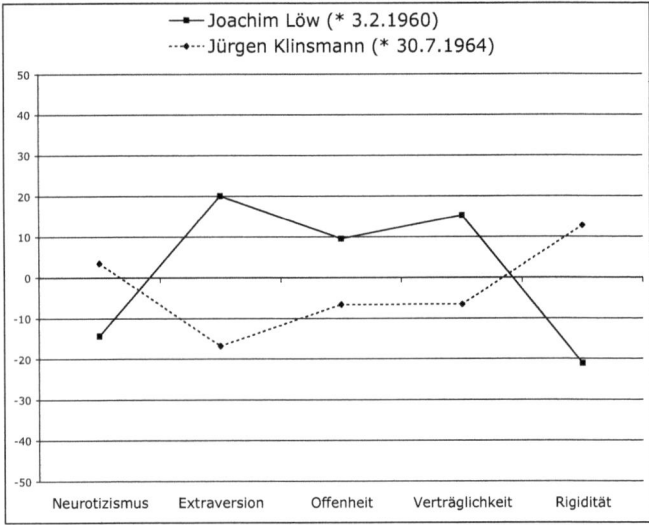

Legendär ist hier natürlich die Klinsmann-Schwalbe beim Torjubel (als freche Antwort auf den von den englischen Fans erhobenen Vorwurf, er dramatisiere jedes an ihm begangene Foul mit einer unnötigen Schwalbe). Generell fällt auf, dass Klinsmann in all seinen Stationen als Fussball-Profi im Ausland (Italien, England, Frankreich, USA) immer sehr beliebt war, sei es, weil er jeweils auch die Sprache des Gastlandes lernte, oder schlicht wegen seiner unkomplizierten Art. Das würde eigentlich eher gegen den Saturn-Typ sprechen – es sei denn, diese unkomplizierte, lockere Art entspringe der genuin saturnischen Distanziertheit.

Es ist offensichtlich, dass Löw ein anderer Typ Mensch ist als Klinsmann - aber inwiefern, und wie macht es sich bemerkbar? Ein Mensch, der sich über seine Feinde auch noch lustig macht (siehe Klinsmann-Schwalbe), der zeigt in emotional schwierigen Situationen meist wenig Bedauern. Es manifestiert sich hierin eine gewisse seelische Härte gegenüber dem Schicksal oder Befinden anderer; in der Terminologie der Astro-5 könnte man dieses Verhalten als Produkt aus Ichbezogenheit (Introversion) und sozialer Unverbindlichkeit (Unverträglichkeit) verstehen. Klinsmanns „lockere Art" beruht daher vielleicht vor allem auf sozialer Distanz - eine Verhaltensweise, die viele Beobachter auch bei Obama stark irritiert, wie wir weiter oben gelernt haben.

Der Saturn-Typ (Klinsmann) will sich von zwischenmenschlichen Problemen fernhalten, während der Mars-Typ (Löw) sich bei dieser Gelegenheit gerne „einbringen" will - oder schärfer formuliert: Der Mars-Typ sucht geradezu „spannende" oder „schwierige" zwischenmenschliche Situationen, die sein Eingreifen erfordern (d.h. er hat die Fähigkeit zu „menscheln"), während demgegenüber der Saturn-Typ in einer solchen Gemengelage sehr rasch auf Distanz geht. Man geht wohl nicht fehl in der Annahme, dass Löw bei seiner Arbeit als Trainer mehr am Teamgeist und an der „richtigen Chemie" gelegen ist, wohingegen Klinsmann das Traineramt mehr technokratisch interpretiert und vor allem seine Vorstellungen umgesetzt sehen will. Schon als Spieler scheint Löw eher der harmoniebedürftige Mitläufer gewesen zu sein, während Klinsmann auf dem Platz öfter mal eine provozierende One-Man-Show abzog.

Als Klinsmann Cheftrainer der DFB-Auswahl war, holte er Löw als Assistenten, also sein charakterliches Gegenteil. Die beiden scheinen damals nicht schlecht miteinander ausgekommen zu sein, und sie sind bis heute befreundet. Klinsmann war damals der Stratege und Vermarkter, während Löw effektiv als Trainer fungierte; Löw hatte den besseren Kontakt zur Mannschaft, er betreute die Spieler. Die Aufgabenteilung war klar und unstrittig – und sie entsprach offenbar den charakterlichen Dispositionen, was ein weitgehend spannungsfreies Arbeiten ermöglichte.

Lauda vs. Hunt. 1976 gab es im Rennsport einen Kampf der Persönlichkeiten um den Weltmeistertitel in der Formel 1: Der kühle und berechnende Niki Lauda gegen den Playboy James Hunt. Es war nicht nur ein Kampf um die schnellste Runde auf der Piste, sondern auch ein Wettbewerb der Charaktere neben der Piste.

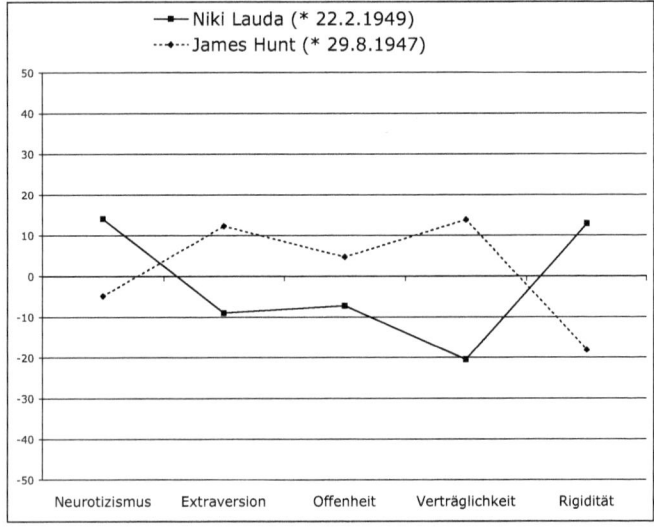

Hier der beherrscht auftretende, moralisch lupenreine Lauda, dort der exzessiv lebende Hunt, der keine Gelegenheit ausliess, um sich in der Öffentlichkeit als Lebemann zu präsentieren.

Und darauf läuft es hinaus: „Niki Lauda gegen James Hunt, Kopf gegen Herz, Ratio gegen Emotion, Kalkül gegen Instinkt, ein Duell, das Sportgeschichte schreibt."[16]

Man sieht, wie die Charaktere von Lauda und Hunt entgegengesetzt sind, und zwar so, wie man es aufgrund der genannten Persönlichkeitsbeschribung erwarten konnte. Hunt war der Liebling der Massen, und seine skandalträchtige Lebensführung war völlig im Einklang mit der damaligen schrillen, enthemmten Zeit. Auf alten Fotos sieht man ihn in knapper Badehose Tennis spielen oder wie er von vollbrüstigen Schönheiten auf Händen getragen wird. Er war ein Schönling mit glattrasierter Brust, der absolute Liebling der Frauen, und er liess keine Gelegenheit und keine Party aus. Wenn eine Kamera in der Nähe war, dann lächelte er hinein. Hunt hatte dieses gewisse Etwas, dieses Charisma, das ihn unwiderstehlich anziehend machte. Man musste ihn mögen! Was jedoch all die gefährlichen Rennen nicht schaffte, nämlich ihn zu töten, das schaffte er durch seine verzehrende Lebensweise: mit nur 45 Jahren erlag er einem Herzinfarkt. Trotz dieser „charakterlichen" Schwächen war Hunt ein Held, ein Idol seiner Zeit. Demgegenüber war Lauda der Prototyp der Fahrergeneration, die noch kommen sollte: beherrscht, kühl, effizient, auf schnellste Rundenzeiten fixiert.

---

[16] *NZZ am Sonntag*, 22.9.2013, anlässlich der Filmbesprechung von „Rush".

Unternehmer

Unternehmer sind selten Personen von öffentlichem Interesse; meistens wirken sie im Hintergrund und bauen ihre Vermögen auf, und manchmal vernichten sie es auch. In neuerer Zeit gab es jedoch einige Unternehmensgründer, die in einer relativ kurzen Schaffensphase fast unglaublich reich und dazu auch noch berühmt wurden: gemeint sind die Pioniere der zweiten Phase der informationstechnischen Revolution, die Erfinder des *personal computing*, angefangen vom klassischen PC bis hin zu den neuesten Smartphones. Vor allem zwei Namen werden immer mit dieser Epoche verbunden sein.

Gates vs. Jobs. Die beiden unternehmerischen Genies und Gründer des Computerzeitalters, Bill Gates (Microsoft) und Steve Jobs (Apple), sind charakterlich spiegelbildliche Zwillinge.
    Nun gibt es inzwischen über den allzu früh verstorbenen Steve Jobs eine exzellente Biografie von Walter Isaacson, in der man sehr vieles über diesen aussergewöhnlichen Menschen erfährt. Das hilft uns aber hier nicht viel weiter, denn eine vergleichbare Biografie über Bill Gates gibt es noch nicht. Wir brauchen uns hier also nicht mit Details aufzuhalten, sondern können sogleich die grossen Linien ziehen, aus denen hervorgehen sollte, ob die Astro-5 für die beiden Computer-Pioniere zutreffen oder nicht.

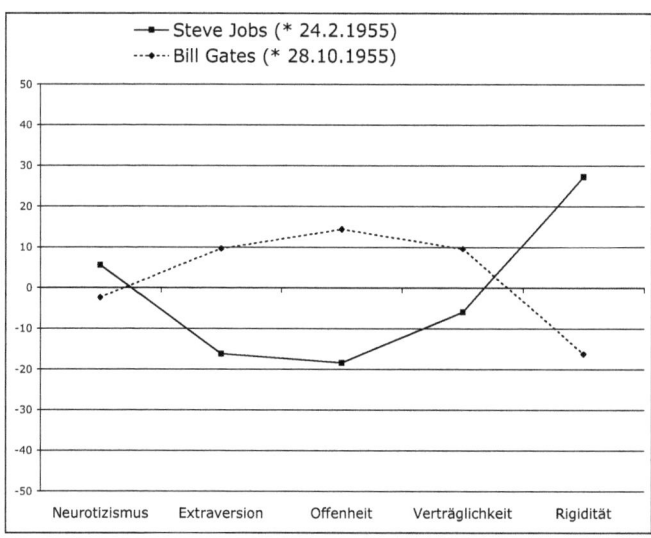

Das Bild sagt eigentlich alles. Ihr hart geführter Konkurrenzkampf um wirtschaftliche Vorherrschaft und Deutungshoheit in der Computer- und Softwarebranche erklärt sich gewiss nicht nur aus sportlichem Wettbewerbsdenken, sondern gründet tief auf gegensätzlichen Persönlichkeitsstrukturen.

Trotz ihres gemeinsamen Interesses an Computern hätte das Leben dieser aussergewöhnlichen Persönlichkeiten nicht verschiedener sein können. Es begann schon mit der Geburt: Während Gates aus einer gutsituierten Familie stammte, die dem Standard eines gehobenen Bürgertums genügte und in der es an nichts mangelte, ging es bei Jobs schon nach der Geburt schief: Sein leiblicher Vater war zwar unverkennbar ein Oberschichtler syrischer Herkunft, jedoch nicht verheiratet mit Jobs' Mutter. Das ging Mitte der 50er Jahre natürlich gar nicht, so dass Baby Steve flugs zur Adoption freigegeben wurde. Aus dem Mittleren Westen verschlug es den kleinen Steve nach Kalifornien zu einem rechtschaffenen Ehepaar, das sich mit viel Fleiss durch das Leben schlug, ohne aber den gesellschaftlichen Aufstieg zu schaffen. Steves Stiefvater war wohl sehr begabt, aber „leider" nur als Handwerker und Mechaniker. Es war deshalb kein intellektuelles Elternhaus für den hochbegabten Steve, aber die traditionelle Computerindustrie mit all ihren genialen, teilweise eigenbrötlerischen Ingenieuren war zum Glück gleich um die Ecke.

Diese besondere Konstellation war aber, rückblickend betrachtet, der besondere Nährboden, aus dem Steve seine Motivation schöpfte und seine Fähigkeiten ausprobieren konnte. Man hat oft darüber räsoniert, inwiefern Steve Jobs' Kindheitsbiografie seinen späteren Charakter formte. Die Entdeckung, dass seine leiblichen Eltern ihn verstossen hatten; die Gewissheit, dass sein Stiefvater wohl ein sicheres Gespür für materielle Dinge hatte (Form und Funktion!), jedoch nicht den Intellekt, darüber zu reflektieren. Und dann als Jugendlicher quasi direkt vor der Haustür den aufblühenden Flowerpower in Kalifornien zu erleben, mit all den bewusstseinserweiternden Praktiken und Drogen, von denen Steve scheint's schon in jungen Jahren reichlich konsumierte.

Wie anders dagegen der junge Bill Gates: hochintelligent zwar, jedoch ein Streber und Langweiler, der es vielleicht nicht zu Ruhm gebracht hätte, wenn er nicht auf Kosten seiner Eltern sehr lange hätte herumstudieren und tüfteln können. Wir wollen uns die Aspekte mit den grössten Unterschieden genauer anschauen.

Rigidität: Steve Jobs war ein gefürchteter Perfektionist, dem man fast nichts recht machen konnte. Es gibt da diese Anekdote, aus wie vielen unzähligen Sorten von Weiss er das passende Weiss für seine Produkte auswählte; das Auswahlverfahren muss für alle Beteiligten eine Tortur gewesen sein (ausser für Jobs natürlich). Oder seine strikten Diäten, die er mit eiserner, manchmal gesundheitsgefährdender Konsequenz einhielt und sie bei

Geschäftsessen ohne Rücksicht auf Befindlichkeiten auch anderen zumutete. An seinen Geschäftsstrategien hielt er fest, auch wenn sie oft genug am Ruin vorbei schrammten. Dazu zählte auch seine beinahe selbstmörderische Strategie, Hard- und Software aus einem Guss zu machen und auf das Kundenbedürfnis nach Kompatibilität und Erweiterbarkeit keine Rücksicht zu nehmen. Erstens wollte er als Kontrollfreak keine zugekauften Komponenten verwenden, deren Herstellung er nicht überwachen konnte, und zweitens sollte da niemand irgend etwas aufschrauben und so etwas Ordinäres wie Erweiterungen einbauen können. Denn Erweiterungen waren gar nicht nötig, da das Produkt ja schon perfekt war …

Dagegen war Bill Gates viel pragmatischer: er entwickelte gewöhnliche Produkte für gewöhnliche Leute und arrangierte sich dabei auch mit den ganz Grossen im Geschäft (bevor er selbst der Grösste wurde). Er benahm sich eher wie ein serviler Diener, der die Villa durch den Dienstboteneingang betrat, dann aber dank schierer Beflissenheit schlussendlich das Haus übernehmen konnte. Gates beschränkte sich auf das, was er konnte (nämlich Software), und die Zumutungen des Materials waren ihm egal. So erreichte er zu seinen besten Zeiten 95% Marktanteil - stetig und unwiderstehlich wachsend und Ideen abkupfernd! Steve Jobs hingegen benötigte einen zweiten Anlauf, der ihm wahrscheinlich zu viel Kraft und deshalb letztlich das Leben kostete, um der Welt zu zeigen, was er immer erreichen wollte.

Offenheit: Steve Jobs war eigentlich nur seinen eigenen Ideen gegenüber offen. Es gab nur wenig in der weiten Welt, das er als Vorbild respektieren konnte, so etwa japanische Grafik oder das Industriedesign der Marke Braun, dazu Ikonen der Menschheit wie Einstein, Gandhi und dergleichen. Was oder wer hingegen seinen hohen ästhetischen Ansprüchen nicht genügen konnte, das oder der war Schrott bzw. ein Idiot. Und das sagte er dann auch.

Aus der von Bill Gates gegründeten Firma Microsoft anderseits wurden viele hässliche und unreife Produkte abgesondert, was aber nicht weiter schlimm war, da sie meistens durchaus nützlich waren, wenn auch oft erst nach vielen Nachbesserungen. Für Steve Jobs wäre das keine Handlungsoption gewesen, denn für ihn mussten die Produkte von Beginn weg perfekt sein oder zumindest das Gefühl vermitteln, sie seien es. So wuchs Microsoft stetig mit dem Markt und darüber hinaus, indem es skrupellos die Konkurrenz ausbeutete und verdrängte, während Apple immer wieder auf sensationelle Durchbrüche angewiesen war, um sich im Markt überhaupt behaupten zu können. Steve Jobs hat sich nie dafür interessiert, was die Benutzer wollten, vielmehr sollten sie gnädigerweise annehmen, was er ihnen darreichte. So ist es nicht verwunderlich, dass sich Microsoft als Quasi-Standard in der Wirtschaft durchsetzte, während Apple lange Zeit ein Nischenprodukt für eingebildete Kreative blieb.

Extraversion: Steve Jobs war und blieb zeit seines Lebens ein introvertierter Eremit. Seine spartanische Lebensart und seine zuweilen lässliche Körperpflege liessen ihn geradezu als Soziopath erscheinen. Möbel? Wozu? Ein Dach über dem Kopf ist Luxus genug! Seife, Deodorant? Firlefanz! Vegane Ernährung (oder wenigstens vegetarische) reicht doch völlig, um den Körper rein zu halten! Als er dank seinen ersten Geschäftserfolgen schon Millionär war, wurde er vom Establishment seiner Branche immer noch als „stinkender Hippie" verachtet. Seine Liebe zu deutschen Sportwagen tut seiner Introversion keinen Abbruch, denn die konnte er ja genüsslich und alleine die Serpentinen hoch- und runterjagen. Und Steve Jobs war natürlich auch alles andere als ein Familienmensch, zumindest nicht in seinen frühen Jahren, als er in seinen Beziehungen und ungewollten Vaterschaften eine wüste Spur von psychischen Verletzungen hinterliess. Später liess er sich von seiner Frau Laurene domestizieren, und es waren vielleicht die ersten Symptome seiner Krankheit oder die Ahnung, dass diese stärker als er sein würde, die bei ihm so etwas wie Altersmilde entstehen liessen.

Ganz anders Bill Gates: Er ist neuerdings der globale Musterbürger schlechthin. Fast ohne Fehl und Tadel! Zeitweise reichster Mann der Welt zwar (und daher vielfältigen Versuchungen ausgesetzt), aber am Ende des Tages doch nur der treusorgende Gatte mit einer lieben Frau und netten Kindern in einem stattlichen Haus. Dazu auch noch wohltätiger Stifter und ein gesuchter *elder businessman*, der zu den grossen Herausforderungen der Welt etwas zu sagen hat. Seit Bill Gates sich vom Tagesgeschäft zurückgezogen hat und den besorgten Weltbürger spielt, scheint merkwürdigerweise vergessen gegangen zu sein, dass er dieses Geschäft einst knallhart und unzimperlich führte, was ihn einerseits masslos reich und oft genug auch verhasst gemacht hat. Der entscheidende Unterschied zwischen Jobs und Gates ist hier aber, dass sich Gates immer der Welt öffnete (Was will der Kunde? Ich gebe es ihm! Was bewegt die Welt? Ich gebe meinen Senf dazu!), während Jobs bis zum bitteren Ende seinen Traum vom besseren Produkt lebte.

Neuerdings nehmen sich Trendsetter der ach so lange vernachlässigten Introvertierten an und schreiben Bücher, wie wichtig doch deren intellektueller Beitrag zum Wohle der Welt sei. In diesem Zusammenhang wurde Bill Gates als typischer Introvertierter verortet, was leider eine geradezu bizzare Falschzuordnung ist. Intellektuelle sind nicht automatisch introvertiert und Introvertierte nicht automatisch intellektuell! Der entscheidende Unterschied im Sozialverhalten zwischen Intro- und Extraversion dürfte ja wohl klar sein: Introvertierte sind in der Regel schlechter vernetzt, haben weniger Freunde, Vertraute, Kollegen, Geschäftspartner usw. Die seltsame Idee, Bill Gates sei introvertiert, rührt meines Erachtens allein aus dem Vorurteil, dass Leute, die sich hingebungsvoll mit der Computerei beschäftigen, nichts anderes als introvertierte Nerds sein können. Dazu kommt das äussere Bild: Gates wirkt noch immer sehr jugendlich, und vor langer Zeit, als er frischgebackener Multimillionär war, sah er noch wie ein unreifer Teenager aus; und er sah fast immer noch so aus, als er später seine erste Milliarde machte. Er entsprach somit in keinster Weise dem Bild des extravertierten Machos, der Frauen nach Belieben um den Finger wickeln konnte. Aber es ist nun mal einfach so, dass diese Computerpioniere teilweise sehr jung waren, als sie ihr erstes grosses Vermögen machten. Das hat weniger mit ihrem Charakter als mit den Umständen der Zeit zu tun. Die Indizien, die Gates als Introvertierten überführen sollen, sind in der Tat dürftig: er wird als ein „gar nicht schüchterner Introvertierter" charakterisiert, „der nach allem, was man hört, lieber für sich bleibt und von der Meinung anderer völlig unbeeindruckt ist."[17]

Wenn ich als erfolgreicher Unternehmer meine Milliarden gemacht hätte, würde mich die Meinung anderer Leute wahrscheinlich auch nicht mehr so dringend interessieren, egal zu welchem Thema. Mit einem derartigen geschäftlichen Erfolg muss das Selbstwertgefühl fast unweigerlich steigen. Und dass er als international vernetzter VIP etwas Distanz zum Pöbel einnimmt, sei ihm gegönnt. Wie Gates in seiner Firma, die er als Teenager gründete und in wenigen Jahren sukzessive zu einem weltdominierenden Konzern ausbaute, wirklich tickte, wissen letztlich nur die Insider, aber er war gewiss emotional zugänglicher als etwa Steve Jobs. Dass er erst mit knapp vierzig Jahren eine seiner Angestellten heiratete, ist zwar nicht unbedingt ein Indiz in diese Richtung – eher ein Hinweis darauf, dass er ein emotionaler Spätzünder war. Der oberflächliche Betrachter mag hier eine introvertierte Veranlagung sehen, aber der Deutungsmöglichkeiten sind hier viele. Dass sich Gates nicht wie Jobs als Einzelkämpfer, sondern als Teil eines verschworenen Teams sah, zeigte seine emotionale Reaktion, als er 2013 eine Rede zum Abschied des Microsoft-CEO und langjährigen Weggefährten Steve Ballmer hielt.

---

[17] Susan Cain: „Still. Die Kraft der Introvertieren"; deutsche Ausgabe 2013.

Verträglichkeit: Der Unterschied ist hier nicht mehr so gross, aber es ist nicht überraschend, dass Jobs auf der negativen und Gates auf der positiven Seite der Nullachse zu finden sind. Gates konnte die Leute um sich scharen und ihr Vertrauen gewinnen (was normalerweise Voraussetzung für erfolgreiches Unternehmertum ist), während Jobs seinen Ruf als egozentrischer Alleinherrscher nie mehr los wurde. Selbst in der späten Phase seiner schweren Krebserkrankung blieb Jobs ein unbeirrbarer Egomane, der sich mit jedem anlegte, wenn das wenige an Kraft, die er noch aufbringen konnte, dazu ausreichte. Am Ende gab er eine gruselige Gestalt ab, die scheinbar nur noch von der reinen Willenskraft aufrecht gehalten wurde. Bis zuletzt spielte er den einsam auf der Bühne zaubernden Zampano, der mit magischer Geste und rituellem Zauberspruch immer noch perfektere Produkte präsentierte.

Aufgrund der Tatsache, dass viele grosse Regisseure ebenfalls negative Werte für die Verträglichkeit aufweisen, sei hier der Verdacht geäussert, dass die Fähigkeit zur grossen Inszenierung irgendwie auch die Verachtung (oder zumindest Nichtbeachtung) der Publikums voraussetzt. Ganz nach dem Motto: Ich ziehe hier meine Show ab, egal wem's gefällt! Es ist diese Fähigkeit, soziale Distanz aufzubauen und sie zu wahren, die diesen besonderen Nimbus erzeugt. Einen verträglichen Menschen wie Gates hingegen kann man auch mal zu einem Podiumsgespräch unter zivilisierten Leuten einladen. Steve Jobs war mit seiner fast überirdischen Art zwar einer der besten Verkäufer überhaupt, aber sein Erfolg war nicht stetig und auch von glücklichen Zufällen gespeist. Wer ein guter Verkäufer mit sicherem Einkommen werden will, der sollte normalerweise eher wie Bill Gates ticken.

Kleriker

Was im Vatikan passiert, interessiert mittlerweile nicht nur strenggläubige Katholiken. Päpste sind eminente Prominente, und das öffentliche Interesse für die „Personalien" rund um den Heiligen Stuhl sprengt alle medialen Dimensionen. Begräbnisse und Wahlen und – neuerdings – Rücktritte von Päpsten beanspruchen breit alle verlautbarenden Kanäle. Das war nicht immer so. Entscheidend für das neue Interesse am Papsttum war, dass genau zur Zeit der zunehmenden Medialisierung aller Aspekte der Gesellschaft eine sehr dominante Persönlichkeit das Petrusamt innehatte: Johannes Paul II.

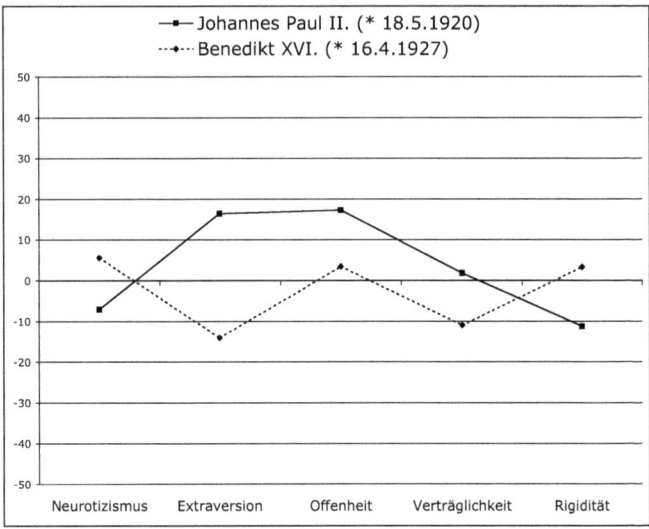

Der direkte Vergleich zwischen dem weltzugewandten Woytila und seinem Nachfolger, dem verschlossenen, hochgelehrten Ratzinger, zeigt ein Ergebnis, das wohl niemanden überraschen wird: Hier stehen sich ein Charismatiker und ein Saturniker gegenüber – nicht direkt zwar, sondern in der Nachfolge auf dem Stuhl Petri.

Auf der einen Seite des psychologischen Spektrums sehen wir den saturnisch veranlagten Ratzinger, Prototyp eines deutschen Professors, der auf die famose und durchaus rationale Idee kam, als Papst lieber in Rente zu gehen als im Amt jämmerlich dahinzusiechen (wie es sein vergötterter Vorgänger Woytila erleiden musste); er konnte die Herzen der Gläubigen nie richtig erwärmen. Lieber hat er einsam in seiner Studierstube esoterische Bücher voller theologischer Subtilität geschrieben. Nur schon seine Namenswahl war ein Rückgriff in die kirchliche Vorvergangenheit – hier kam unter den Talaren der Staub von Tausend Jahren zum Vorschein.

Ganz anders Woytila-Superstar, der Pop-Papst, der umjubelte Bereiser aller Länder dieser Erde, der politische Aktivist, der als geistiger Katalysator an der Zersetzung des Eisernen Vorhangs mitwirkte: Er hat das Charakterprofil eines Charismatikers, ähnlich dem Kennedys oder Clintons; er entspricht dem Uranus-Typ. Er konnte viele Menschen bewegen. Woytila war ein so guter Schauspieler, dass man ihm sogar seinen Glauben abnahm, der eher kindlich inspiriert als intellektuell fundiert war.

Nun kann man sich fragen, wie es möglich war, dass nach dem charismatischen Woytila der introvertierte Ratzinger das Petrusamt bekleiden durfte. Den Kardinälen, die ihn wählten, wird die Tatsache der gänzlich unterschiedlichen Charaktere wohl nicht entgangen sein – vielleicht gerade deshalb: charismatische Menschen können auch ganz schön anstrengend sein!

Der gegenwärtige Papst Franziskus hat übrigens ein ähnliches Profil wie Woytila, wenn auch etwas flacher und bei der Rigidität sogar positiv – also durchaus passend für einen populären Jesuiten. Nach der erholsamen Phase mit Ratzinger wünscht man sich wohl wieder etwas mehr soziale Dynamik auf dem Petersplatz!

Kollektive und Kohorten

Ich verwende hier den Begriff „Kohorte" im Sinne einer Gruppenbildung unter gleichen Gesichtspunkten. Diese Aspekte können gleiche Jahrgänge, gleiche Herkunft (sozial, kulturell), gleiche Karrieren und vieles mehr sein, was dazu dient, die Persönlichkeiten von Menschen unter der Bedingung „Gleiches mit Gleichem" zu vergleichen. Die Ein- und Ausschlusskriterien für Kohorten sind mehr oder weniger künstlich und willkürlich gesetzt. So kann man das Kollektiv der amerikanischen Präsidenten als Kohorte bezeichnen, obwohl sie das im engeren soziologischen Sinne nicht sind, weil das wichtigste bzw. am meisten verwendete Kriterium der Zeitgenössigkeit nicht gegeben ist. Vielleicht gerade deshalb mitten sich ihre Charakterprofile über die Zeit ein. Eine echte soziologische Kohorte unterwirft ihre Mitglieder denselben Entstehungsbedingungen in Raum *und* Zeit. Die Frage ist im Prinzip einfach: besitzen Personen, die zur gleichen Zeit die gleichen Interessen haben und entsprechende Tätigkeiten ausüben, in etwa das gleiche Charakterprofil? Gibt es für gewisse Tätigkeiten oder gesellschaftliche Positionen so etwas wie ein ideal passendes Profil, was dazu führt, dass Personen, die nicht das richtige Profil haben, oft aus diesen Tätigkeiten bzw. Positionen verdrängt werden oder gar nicht erst hinein gelangen?

    Die ideale Kohorte findet sich im Sport als Mannschaft. Eine Anzahl Menschen, von gleichem Geschlecht, etwa im gleichen Alter, von ähnlicher körperlicher Konstitution, mit ähnlichen Talenten, findet sich zusammen, um sich dem sportlichen Wettbewerb zu stellen. Man darf vermuten, dass es in einer gut funktionierenden Mannschaft nicht allzu viele Egozentriker verträgt: das Kollektiv geht vor!

Wir sehen in der folgenden Abbildung das durchschnittliche Profil von etwas über zwanzig bekannten deutschen Fussballspielern der 40er und 50er Jahrgänge.[18]

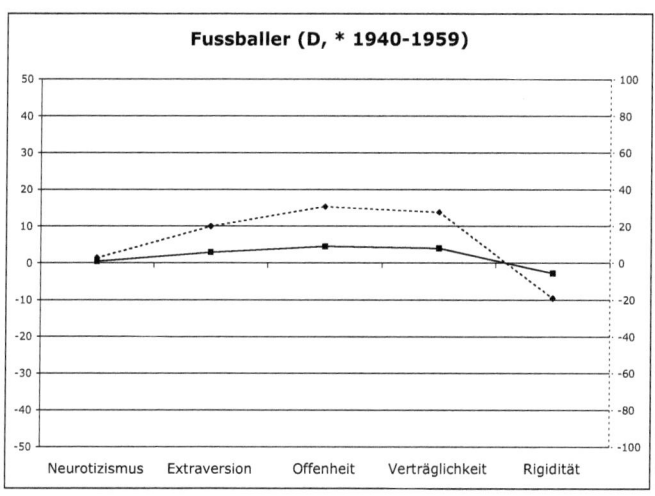

In der Tendenz – gut sichtbar in den relativen Werten - ähnelt es jenem von Bill Clinton, jedoch mit stärkerer Gewichtung der Verträglichkeit, was bei Sportlern auch gerne Kameradschaftlichkeit genannt wird.

Im Prinzip sehen wir hier den narzistischen Teamplayer vor uns: Von der Grundstimmung her freundschaftlich-kameradschaftlich (gute Verträglichkeit), aber dennoch

---

[18] In den Diagrammen für Kohorten werden die arithmetischen Mittelwerte abgebildet; man hätte aber mit guten Gründen auch Medianwerte anwenden können. Die Unterschiede zwischen Durchschnitts- und Medianwerten sind in den untersuchten Kohorten allerdings nicht allzu gross, so dass im Rahmen dieser Untersuchung darauf verzichtet wird, näher darauf einzugehen.

eifersüchtig danach trachtend, der beste, schönste usw. im Team zu sein (hohe Offenheit, die vermutlich mit einem guten Schuss Selbstverliebtheit einhergeht).

Kumpel oder Konkurrent. Im Gegensatz zum Mannschaftssport verlangt der Rennsport den Einzelkönner, der stur und exakt und möglichst schnell seine Runden drehen muss. Das Durchschnittsprofil jener etwas über dreissig Piloten, die in der klassischen Zeit dieses Sports (Formel 1, ca. 1965-2000) tonangebend waren, liegt praktisch auf der Null-Linie. Aber dieses Profil stellt den Durchschnitt über mehrere Generationen dar; in der Tat ergeben sich völlig unterschiedliche Profile, wenn wir diese Kohorte in zwei chronologisch getrennte Teilpopulationen aufteilen.

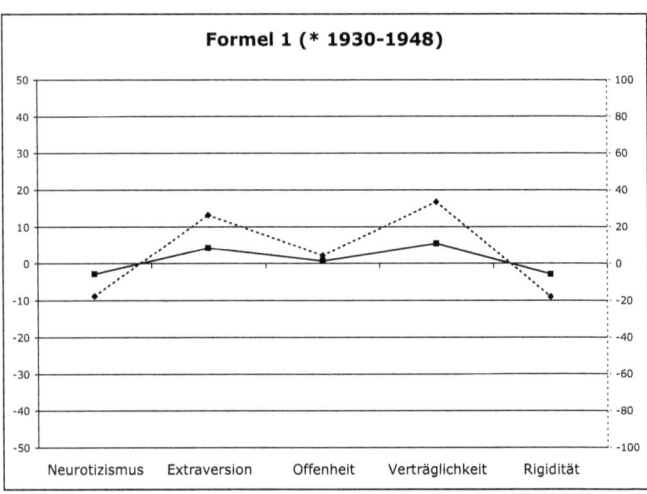

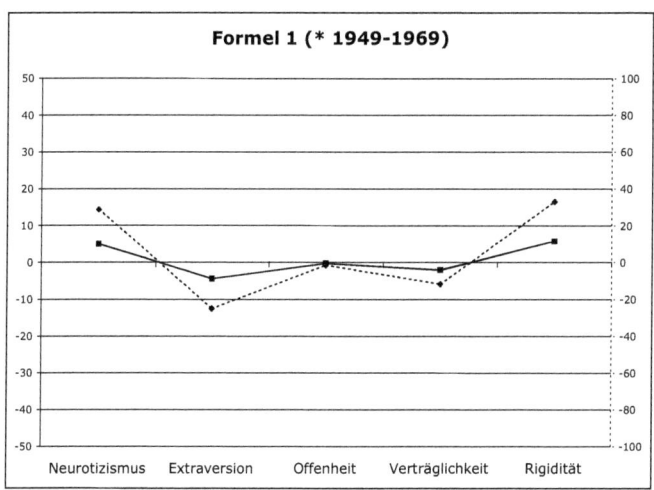

Wie lassen sich diese völlig unterschiedlichen, ja recht eigentlich gegensätzlichen Profile erklären? Es sind hier zwei Phasen des Rennsports abgebildet, die offensichtlich mehrheitlich von charakterlich konträren Generationen von Rennfahrern bevölkert wurden. Es ist ein schönes Beispiel, wie Charakterselektion nach Massgabe der Erfordernisse der Zeiten und Epochen funktioniert.

In der ersten Phase wurde der Sport von spleenigen Oberschichtlern und talentierten Playboys dominiert. James Hunt war prototypisch für diese Generation; er wurde verehrt wie ein Rockstar. Diese Männer fuhren nicht nur Formel-1-Rennen, sondern waren halsbrecherisch mit allem unterwegs, was irgendwie nach Benzin roch; oder sie führten auch privat ein „gefährliches" Leben. Gefragt war der sozial dominante Lebemann, der „Sportsmann", der Mars-Typ; dieser Charaktertyp schien am besten zu diesem Sport zu passen.

Mit der zunehmenden Kommerzialisierung und damit Professionalisierung des Rennsports kamen dann je länger je mehr Berufsrennfahrer ins Geschäft, bei denen es nicht mehr so wichtig war, dass sie den von schönen Frauen umlagerten glamourösen Helden spielten, sondern die vor allem eines können mussten: schnell Auto fahren! Dort wo abwägende Rationalität, Präzision und Konzentration gefordert sind, ist der Saturniker gewiss nicht im Nachteil. Niki Lauda war ein früher Prototyp dieser späteren Generation von Piloten; Fahrer wie Schumacher und Häkkinen verkörperten sie fast vollkommen, so wie es Hunt, Peterson und Andretti für die ältere Generation taten.

Es zeigt sich an diesem Beispiel, wie wichtig der zeitliche Aspekt bei der Bildung von Kohorten ist. Der Zeitgeist weht wie er will und sucht sich seine Helden und Opfer nach Gutdünken aus, so scheint es. Im modernen professionellen Fussball lässt sich diese Entwicklung weg vom typischen Mannschaftssport hin zur Sport-Show mit individualistischen, mehr oder weniger zufällig zusammengewürfelten Söldnern gut beobachten. Die „Elf" eines Fussballvereins rekrutiert sich nicht mehr aus den besten Spielern einer Stadt oder eines sozialen Umfeldes, sondern wird vom Management einer Aktiengesellschaft, die nur dem Namen nach ein „Verein" ist, nach den Kriterien der besten Verwertung von Brot und Spielen zusammengestellt. „Kameradschaftlichkeit" ist in einem solchen Umfeld nur noch eine hohle Phrase.

Männerbünde. Viele Männer brauchen in ihrer Jugendphase die Gesellschaft gleichgesinnter Kameraden, um sich auf ihre Art zu sozialisieren: das ganze Club- und Vereinswesen gründet darauf, aber auch die Bandenbildung krimineller Ausprägung.[19]

---

[19] Siehe hierzu auch Allan Guggenbühl: Männer, Mythen, Mächte; 1998.

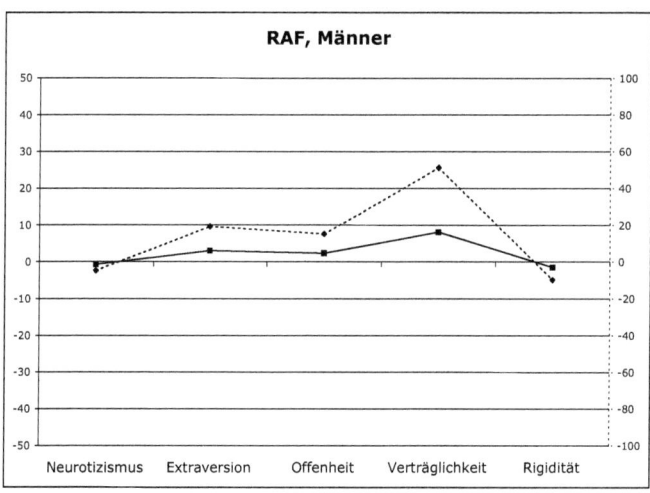

Wir sehen hier das durchschnittliche Profil der männlichen Mitglieder der terroristischen Roten Armee Fraktion, die sich selbst nicht als kriminelle Bande, sondern als revolutionäre Bewegung sah. Die RAF war in den 70er Jahren so stark, dass sie weite Bereiche der deutschen Innenpolitik beeinflusste. Und wie man sieht, hat das Profil eine gewisse Ähnlichkeit mit jenem der deutschen Fussballer. Wir haben bei den Fussballspielern gesehen, dass die Mannschaftsbildung begünstigt wird, wenn im Durchschnitt der Charaktere eine Art „kollektive Gesinnung" vorherrscht. Das negativ konnotierte Gebilde einer Mannschaft ist eine Bande. Haben Mitglieder einer kriminellen Bande auch diese Art von „Sportsgeist"?

Bei den terroristischen Männern war wohl die Bandenbildung das ausschlaggebende Motiv. RAF-Gründer Andreas Baader war ein gewöhnlicher Krimineller mit schwammiger politischer Gesinnung und hohem Gewaltpotenzial. Bemerkenswert an dieser Truppe war, dass fast so viele Frauen wie Männer aktiv mittaten, d.h. aktiv in der

Ausübung von Gewalt, obwohl die Frauen öfter eine gutbürgerliche Herkunft hatten. Man ist geneigt, die RAF auf einen einfachen Nenner zu reduzieren: ideologisch verblendete Frauen wurden von Ideologie vortäuschenden, aber hauptsächlich kumpelhaften und gewaltbereiten Männern verführt, die sich in ihren überfüllten Wohngemeinschaften gegenseitig aufwiegelten und anfeuerten wie Sportler in der Umkleidekabine. Das ist vielleicht etwas allzu krass formuliert, aber es ist doch wohl so, dass sich hinter hohen Verträglichkeitswerten so etwas wie Kumpelhaftigkeit verbirgt; und wenn diese in zu grosser Ansammlung auf zu kleinem Raum vorhanden ist, können sich gruppendynamische Prozesse mit unvorhersagbarem Ausgang entwickeln. Zudem kann krude Ideologie immer auch eine Rechtfertigung für schnöde Gewaltkriminalität sein. Und kriminelle Energie ist eben gerade kein charakterlicher Aspekt, der sich in den Big-5 verorten liesse.

Wenn wir von kriminellen Banden sprechen, dann denken wir auch an die Mafia, insbesondere in ihrer amerikanischen Ausprägung. Nun bietet sich hier allerdings ein zunächst überraschendes Bild dar. Wir sehen hier nicht den kumpelhaften Typus, der sich bewegungsgetrieben bandenmässig zusammenrottet, sondern interessanterweise eher den zurückhaltenden, konservativen neptunischen Charakter. Die kulturelle Prägung all dieser Männer ist sehr einheitlich: sie stammen fast ausnahmslos von bäuerlich geprägten, tiefgläubigen Vorfahren aus Sizilien ab; einige von ihnen wurden noch auf Sizilien geboren, die anderen auf amerikanischem Boden. Das kulturelle Milieu dieser sizilianischen Einwanderer blieb über Generationen konstant: man blieb unter sich und pflegte traditionelle Bräuche und Rituale. Die Mafia ist nach Familien organisiert, und die Familie galt diesen Leuten als heilig.

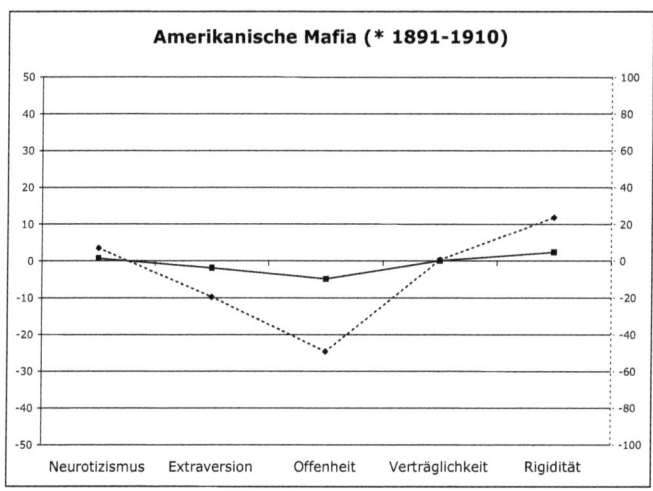

Und wenn von Familien die Rede ist, dann ist die Familienehre nicht weit. Viele tödliche Abrechnungen zwischen Mafiaclans müsste man wohl in die Schublade „Ehrenmorde" versorgen. Die als Blutfehde bekannte Form feindnachbarschaftlicher Beziehungspflege war in Süditalien noch lange weit verbreitet. In der sizilianischen Mafia bekam sie gewissermassen einen institutionellen Rahmen, wobei jetzt nicht mehr die Rache, sondern die unrechtmässige Bereicherung als hauptsächliches Motiv fungierte. Diese Praxis der erbarmungslosen Vergeltung ist mit den Auswanderern nach Amerika gegangen.

Nun sind hier ein gutes Dutzend berühmte bzw. berüchtigte Mafiosi versammelt, welche die klassische Zeit dieses Verbrechersyndikats geformt haben. Die Geburtsdaten erstrecken sich über nur zwanzig Jahre, d.h. man kann hier von einer Generation sprechen. Die jüngsten von ihnen haben die explosionsartige Verbreitung des organisierten Verbrechens in Nordamerika während der Prohibitionszeit zumindest noch als junge Erwachsene erlebt; die älteren haben es eigenhändig und skrupellos aufgebaut und geformt.

Die Männer, deren Charakter hier zur Diskussion steht, waren nicht einfach nur Bandenmitglieder (obwohl sie sich natürlich als Heranwachsende in einer Bande bewähren mussten), sondern sie sind hier versammelt, weil sie berühmt genug sind, um einen eigenen Wikipedia-Eintrag zu erhalten: es handelt sich hier um Capos oder anderweitig sehr hochrangige Mitglieder der „Ehrenwerten Gesellschaft". Es waren schmallippige, prinzipienstarke und eigensinnige Männer, die nicht so leicht von ihrem Weg abzubringen waren. Mit irgendwelcher Kumpelhaftigkeit hatten diese Leute nichts am Hut. Die meisten sahen sich als Geschäftsleute und Unternehmer, ja vielleicht sogar als gute, steuerzahlende Bürger, die nach den Anstrengungen des Tages auch gerne ein zurückgezogenes Leben im Kreise der Liebsten führten. Das Charakterbild dieser Mafia-Chefs kann deshalb nicht überraschen; es passt zum Bild, das sie von sich selbst hatten: ehrenwerte, gesetzestreue Männer - mit der kleinen Einschränkung allerdings, dass sie in erster Linie ihren eigenen, uralten Stammesgesetzen gehorchten.

Gruppenbilder aus der Chefetage. Die gegenwärtig installierten Spitzenmanager in der Privatwirtschaft haben oft ein ganz spezifisches Astro-5-Profil, etwa in Richtung Uranus- oder Mars-Profil. Man kann auch hier den veränderten Zeitgeist spüren, der uns zuflüstert, wer führen soll und wer nicht. Wenn man nämlich die chronologisch geordnete Liste der Vorstandsvorsitzenden der Deutschen Bank in zwei Hälften teilt, dann zeigt sich klar das Bild eines Paradigmenwechsel hinsichtlich charakterlicher Anforderungen.

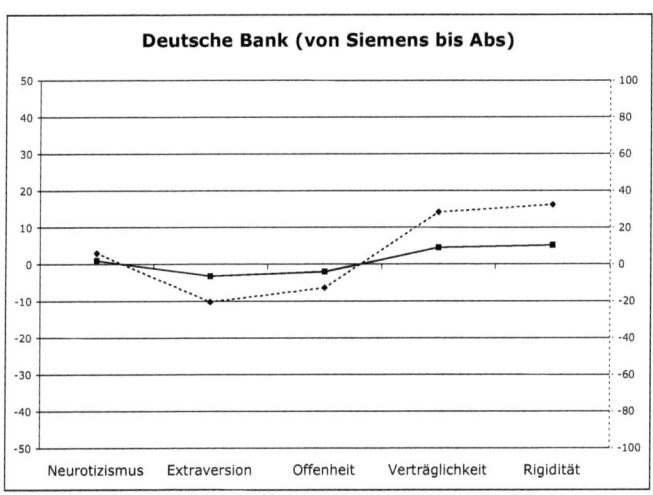

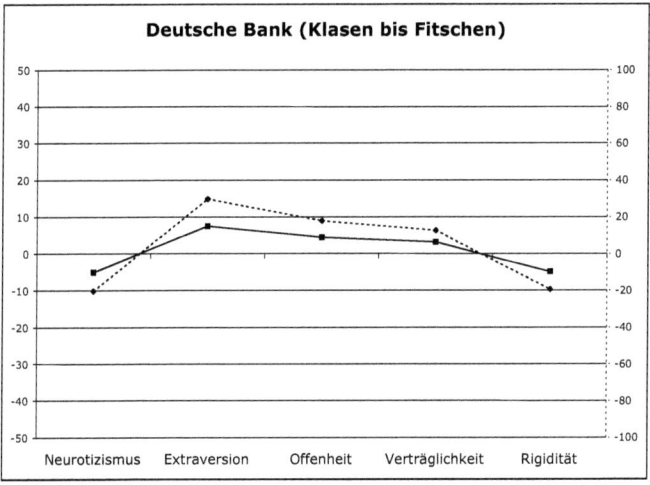

Die entscheidenden Unterschiede zeigen sich in den Aspekten Extraversion und Rigidität. Es stand einem traditionellen Banker gewiss gut an, etwas mehr an Rigidität als an

Extraversion zu verfügen, und man sieht, dass es bei den jüngeren Bewohnern der Teppichetage hier zu einer Art Polverschiebung gekommen ist.

Ist jemand von diesem Bild, das sich uns hier darbietet, nach all den Skandalen, die sich diese Branche geleistet hat, in irgendeiner Weise überrascht? Was könnte eine tiefe Rigidität im Finanzgeschäft für Folgen haben? Vielleicht liederliche Geschäftsführung oder gar Käuflichkeit? Weniger Gewissenbisse, wenn krumme Geschäfte eingefädelt werden? Eine notorische Lässlichkeit im Umgang mit Gesetzen und Regulatorien? Man darf hier aber nicht allzu hart urteilen, denn im nachhinein ist man bekanntlich immer klüger. Aber es ist nicht zu kaschieren: In den Boomjahren der Finanzindustrie, als Gewinne und Boni wie aus einer wundersamen Quelle erklecklich sprudelten, waren Bedenkenträger und Zauderer in den Chefetagen nicht sonderlich gern gesehen. Aus grauen Geldverwaltern wurden zelebrierte Mitglieder der High Society.

Um hier keine Missverständnisse aufkommen zu lassen: ich sage nicht, dass Leute mit einem Charakterprofil, wie es für heutige Chefs von Grossbanken relativ typisch ist, als Firmenchefs ungeeignet sind. Ohne Fleiss und Begabung hätten sie es nicht an die Spitze geschafft. Aber zu jedem Zeitpunkt wären für eine Beförderung auch fleissige und begabte Introvertierte zur Verfügung gestanden, die aber in unserem hedonistischen Zeitalter zunehmend Mühe bekunden, auf der Karriereleiter nach oben zu kommen. Und dieses Phänomen betrifft natürlich nicht nur die Finanzbranche. Allerdings ist dort die Sache mit der neuerdings sehr geschätzten tiefen Rigidität besonders brisant.

Auf dem Höhepunkt vor der Finanzkrise fanden es einige dieser Bonus-Überflieger vermutlich einfach nur spannend: Es war der reine Nervenkitzel, der sie nicht vom desaströsen Geschäft abhalten liess. Die hohe Extraversion lässt grüssen - immer für ein Abenteuer zu haben! Die Versuchung, die ganz grossen Hebel zu bewegen und gewaltige Summen an

Geld zu verschieben (auch in die eigenen Taschen), war schlicht zu stark. Und der Sportsgeist liess es nicht zu, dass man klein beigab. Die Konkurrenten – eigentlich Kumpel im Geiste und oft alte Weggefährten – taten es ja auch, und da galt es nur noch, besser zu sein als diese.

Nun sind Gewissensbisse nur eine Plage für Leute mit hohem Neurotizismus, insofern ist das für die meisten Lenker und Denker der modernen entfesselten Finanzwirtschaft kein wahrnehmbares Problem, das sie belästigen könnte. Und nur weil sie oft genug Hasardeure sind (nämlich Glückspieler in einem für sie praktisch risikofreien Spiel), sind sie nicht automatisch auch Betrüger. Es entbehrt ja nicht der Ironie, dass ausgerechnet Bernard Madoff - der grösste Finanzbetrüger aller Zeiten – ein Neptun-Profil mit ausgeprägt hoher Rigidität hat. Und doch ist es auch logisch: Wer ein solch gigantisches Schneeballsystem über so lange Zeit friktionslos am Laufen halten will, muss wahrlich ein gewissenhafter Buchhalter sein, da er sonst allzu schnell den Überblick verlöre, so dass der Betrug schnell auffliegen würde.

Zyklen und Antizyklen

Die Big-5 umschreiben fünf Aspekte des menschlichen Charakters, die im Prinzip unabhängig voneinander sein sollten, d.h. die durch sie determinierten charakterlichen Ausprägungen sollten in allen Kombinationen vorkommen. Unsere Intuition sagt uns allerdings etwas anderes, und sie wird durch die Befunde unterstützt: Wir können uns keinen lebenden Menschen vorstellen, der in allen fünf Aspekte gleichermassen hohe oder tiefe Werte hat. Es ist nur schon schwer vorstellbar, dass jemand zugleich hohe Werte für die Aspekte Extraversion und Rigidität hat. Das sind Charaktermerkmale, die sich irgendwie ausschliessen.

In der R&F-Studie wurde behauptet, dass Präsident Johnson sehr hohe Werte sowohl für Neurotizismus wie auch für Extraversion gehabt hätte. Er wäre damit allerdings ein Unikum gewesen; tatsächlich dürfte es eher so sein – und die gesunde Menschenkenntnis sagt uns dies auch -, dass sich diese beiden Ausprägungen gegenseitig ausschliessen; zwar nicht grundsätzlich, aber in den Extremwerten, wie sie angeblich bei Johnson vorlagen. Wenn also jemand positive Werte für Neurotizismus und Extraversion aufweist, dann handelt es sich absolut gesehen um moderate Werte. Ein sehr hoher Wert für Neurotizismus hat fast immer einen sehr tiefen Wert für die Extraversion zur Folge und umgekehrt. Diese beiden Aspekte verhalten sich quasi diametral.

Wenn wir diesen Sachverhalt einmal von der rein astrologischen Seite her anschauen und dabei den Verlauf der Astro-5 über die Zeit betrachten, dann sehen wir, dass man sogar von einem „antizyklischen" Verhalten sprechen muss. Wir sehen im folgenden ersten Bild die Werteverläufe für Neurotizismus und Extraversion über ein Jahrzehnt (1950-1959) dargestellt, und man sieht sofort, dass sich die Kurven für die beiden Charakteraspekte antizyklisch verhalten: Wenn der Wert für Neurotizismus sehr hoch ist, dann ist jener für die Extraversion sehr tief und umgekehrt. Die Auslenkung der

Amplitude kann zwar stark variieren, jedoch ist die Periode erstaunlich konstant: sie beträgt im Durchschnitt ziemlich genau ein Jahr (mit nur geringer Variation).

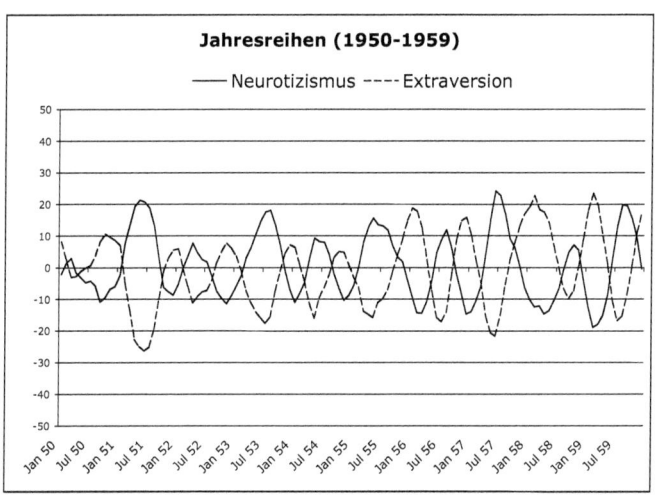

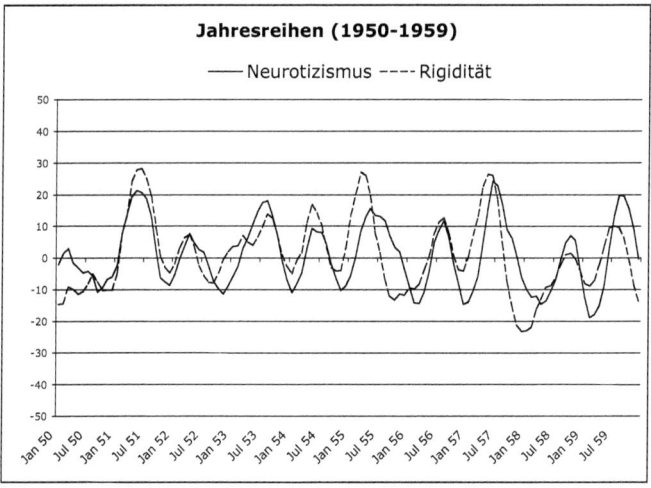

Die Kurven sind insofern geglättet, als die Datenpunkte jeweils auf den ersten eines Monats berechnet wurden, womit die monatliche Varianz des Mondes unterschlagen wurde. Die Kurven hätten also bei genauerer Auflösung ein Zackenmuster, und auch die Kulminationspunkte könnten leicht verschoben sein (vor allem bei der Rigidität, wo der Mond den stärksten Einfluss hat).

Diese Jahrgangsreihen offenbaren interessante Zusammenhänge, die man auch geschichtsphilosophisch deuten könnte. So ist etwa auffallend, dass die Länge eines Zyklus – also z.B. von einem Neurotizismus-Maximum zum nächsten – im Durchschnitt etwa ein Jahr dauert. Auch die anderen Merkmale haben ähnliche Periodizitäten, wenn auch meist nicht so ausgeprägt. Der hauptsächliche Grund für diese Regelmässigkeit liegt natürlich in der Tatsache, dass die synodischen (d.h. von der Erde aus beobachtbaren) Umläufe der äusseren Planeten etwa ein Jahr betragen. Beim Neurotizismus kommt noch hinzu, dass die Sonne – deren saisonaler Gang das Jahr definiert - sowohl pro- wie auch antizyklisch eine determinierende Kraft ist. Nebst den antizyklischen gibt es auch annähernd prozyklische oder synchrone Verläufe, wie am Beispiel von Neurotizismus und Rigidität gezeigt.

Diese Muster sind nicht immer gleichermassen deutlich, es gibt auch Zeiten, wo die typischen Muster nur schwach oder kaum noch ausgeprägt sind. Der Zeitabschnitt von Mitte der 1930er bis Ende der 1940er Jahre ist so eine Phase, in der die Kurvenmuster schwächer ausgeprägt und manchmal ganz unregelmässig sind. Insbesondere war das eine Epoche, als die Extraversion gegenüber dem Neurotizismus über weite Strecken dominierte, wohingegen in anderen Perioden diese beiden Aspekte in alternierenden Zyklen vorliegen, wie wir für die 1950er Jahre gesehen haben. Vielleicht ist es ein Zufall, vielleicht auch nicht: Es war genau jene Generation, die den jugendkulturellen Aufbruch der 1960er Jahre wagte. Die gruppendynamische Breitenwirkung innerhalb einer ganzen

Generation war vielleicht nur deshalb möglich, weil der Anteil Introvertierter aussergewöhnlich klein war.

Man bewegte sich gern in Gruppen: Demonstrationen, Happenings, Konzerte, Bands, Wohngemeinschaften, soziale und bewusstseinserweiternde Experimente. Die weitgehende Abwesenheit von sich absondernden, schlechte Laune verbreitenden, introvertierten Altersgenossen – oder kosmischer: das Schweigen des missmutigen Saturns - machte es vielleicht möglich, dieses gemeinsame Lebensgefühl für eine ganze Generation aufkommen zu lassen.

Doch was sagen uns die dominierenden zyklischen Muster auch noch? Rufen wir uns in Erinnerung, was die Datenbasis für unsere Berechnungen ist: Es stellt sich nämlich die Frage, ob allein aufgrund dieser Information - 30 Geburtstage und zugehörige Charakterprofile über einen Zeitraum von etwa 250 Jahren - durch Extrapolation derartig regelmässige Muster entstehen können, oder ob es sich nicht vielleicht gerade umgekehrt verhält: Die wahre Grundlage sind die Astro-5; und das, was man in der R&F-Studie herausgefunden hat, ist ein logisches Ergebnis davon? Es ist ein wenig die Frage nach dem Huhn und dem Ei: was ist wessen Ursache? Wenn wir uns einmal auf das auffälligste Muster beschränken, nämlich der gegenläufigen Korrelation zwischen Neurotizismus und Extraversion, dann ergibt sich folgender Befund:

- Bei beiden Aspekten sind Saturn und Uranus Antigonen, was die Gesamtwirkung betrifft.
- Bei beiden Aspekten trägt die Sonne zu den stärksten Korrelationen bei.

Saturn und Uranus vollenden etwa alle 45 Jahre einen Konjunktionszyklus. Ihre antigonale Wirkung entfalten sie am wirkungsvollsten, wenn sie in Opposition stehen: dann nämlich stehen sie abwechselnd ziemlich einsam und können die ihnen eigenen Einflüsse ausüben. Und der hauptsächliche kurzfristige Taktgeber ist die Sonne, womit auch der Jahresrhythmus erklärt wäre. Wir haben deshalb Grund zur Annahme, dass die Korrelationen zwischen den R&F-Daten und den gegebenen astrologischen Konstellationen nicht nur zufällig sind, sondern dass sich die Befunde aus der R&F-Studie überhaupt erst aus den astrologischen Gesetzmässigkeiten ergeben.

Schlussbetrachtung

Es ist zunächst unerheblich, nach den „wahren" Ursachen der in diesem Buch thematisierten Korrelationen zu fragen. Ob Saturn oder irgendein anderer Himmelskörper irgendeinen Einfluss auf die menschliche Psyche ausüben kann – wie auch immer und in welcher Lebensphase auch immer – steht hier nicht zur Debatte. Wir können hier bestenfalls als Hilfshypothese formulieren, dass dieselbe Ursache, welche den Saturn in seine Bahn zwingt, auch die menschliche Psyche formt. Die Planeten und ihre Stellungen zueinander wären demnach nicht selbst astrologische Ursachen, sondern nur symbolische Zeichen und Repräsentanten einer tieferliegenden Ursache. Noch bis in die frühe Neuzeit sah man hier Engel als Sendboten Gottes am Werk; sie wirkten über die Planeten oder hausten gar darauf. Der Verdacht jedoch, dass *angelus* und *angulus*, also Engel und Winkel, ursprünglich ein und dasselbe bedeuteten, liegt doch sehr nahe. Nicht unsichtbare Engel begleiten und steuern unser Tagewerk – so wäre dann die Schlussfolgerung -, sondern eine „göttliche", mathematisch-symbolische Sprache in Form sich verändernder Planetenwinkel.

Wahrscheinlich gibt es ein optimales Lebensalter, in dem die meisten Menschen ihren wahren Charakter am besten zum Ausdruck bringen können: es ist die Phase der Kindheit, etwa vom fünften bis zum siebten Lebensjahr. Die Art und Weise, wie Kinder spielen, mit sich selbst und mit anderen, wie sie auf andere Menschen zugehen oder sich abwenden, wie sie sich mittels Sprache, Mimik und Gestik ausdrücken – das ganze Spektrum des sozialen Verhaltens der Kinder lässt meist gute Prognosen über die weitere psychologische Entwicklung zu. Es gibt aber vermutlich keine seriösen Untersuchungen, die den Charakter von Kindern mit ihren Geburtsdaten in Zusammenhang bringt. Leider! Denn die Untersuchung an erwachsenen Personen ist ja mit dem Problem konfrontiert, dass diese einen ganzen Kübel mit unechten und täuschenden

Verhaltensweisen in die Waagschale werfen können, was die Befunde einer Charakteranalyse grob verfälschen kann. Insofern ist es sicher keine schlechte Idee, wenn man eine solche Untersuchung auf Personen beschränkt, die es irgendwie „geschafft" haben, die also niemandem mehr etwas vormachen müssen. Was an statistischer Breite verloren geht, wird durch die Qualität der Ergebnisse teilweise kompensiert. So gesehen können sich die in der vorliegenden Arbeit präsentierten Resultate durchaus sehen lassen; man wird sie nicht so einfach als nichtig deuten und unter den Teppich kehren können.

Wir sind nun am Schluss dieser Untersuchung angelangt, bei der es um die Frage ging, ob die Konstellationen der Winkelabstände zwischen ausgewählten planetarischen Himmelskörpern auf irgendeine spezifische Art den Charakter des Menschen bei seiner Geburt beeinflussen. Unser kursorischer Ausflug in verschiedene Charakter- und Berufswelten ergab keinen offensichtlichen Widerspruch zur These, dass dieser Einfluss tatsächlich existieren könnte. Es tut sich hier ein weites Feld für weitere Forschungen auf.

Anhang A. Korrelationstabellen

Die Tabellen sind so zu lesen, dass die Korrelationswerte der Beziehung entsprechen, die sich aus der Ausprägung des Charaktermerkmals und den Winkelabständen zwischen den genannten Planeten (Aspekte) ergibt - je höher also der ausgewiesene Wert (absolut), desto ausgeprägter ist das Merkmal bei grösserem Abstand des jeweiligen Planetenpaars; das Vorzeichen gibt die Richtung der Korrelation an, d.h. bei einen negativen Vorzeichen korrelieren die Winkelabstände mit dem quasi entgegengesetzten Pol des Charaktermerkmals.

Hier ein Lesebeispiel: Ein *grosser* Abstand zwischen Saturn und Sonne korreliert einerseits mit einer *tiefen* Extraversion (-75) und anderseits mit einem *hohen* Neurotizismus (+79). Der Umkehrschluss gilt ebenso: ein *kleiner* Abstand zwischen Saturn und Sonne korreliert mit *hoher* Extraversion und mit *tiefem* Neurotizismus.

Die vorliegenden Werte sind das Rohmaterial aus der Auswertung der R&F-Studie; die unkorrigierte Anwendung dieser Zahlen würde also noch zu „schiefen" Astro-5-Profilen führen. Bessere Resultate erhält man durch die Korrektur mittels eines Eichprofils aus einer Zufallsstichprobe. Für alle Merkmale und alle Planetenaspekte ist nun folgende Rechnung duchzuführen:

$G = (\text{Winkelabstand} - 90) * \text{Korrelation}$

Alle Gewichte (G) sind dann je Merkmal zu summieren und die Summe mittels Addition des Eichprofils zu korrigieren. Für das Eichprofil genügen Näherungswerte; hier ein Vorschlag:

Neurotizismus	-2000
Extraversion	1000
Offenheit	1000
Verträglichkeit	4000
Rigidität	0

Diese Korrekturwerte sind allerdings nicht in Stein gemeisselt. Aufgrund der Tatsache, dass sich die Merkmalsausprägungen über die Jahre und Jahrzehnte stark verändern können (so haben etwa die 1940er Jahrgänge ganz andere Profile als die 1960er), und aufgrund der Eigenschaft von Zufallsdaten, dass sie ungleichmässig über die Zeitstrecke verteilt sein können, wird jede Zufallsauswahl, und sei sie noch so gross, wieder leicht andere Werte liefern. Wenn man Pech hat, erwischt man eine Zufallsauswahl, die völlig untypisch ist für eine bestimmte Kohorte. Da rein rechnerisch die Amplituden des Eichprofils im niedrigen 4-stelligen Bereich liegen, und diejenigen eines Einzelprofils maximal im mittleren 5-stelligen Bereich, zeigt sich das Problem der korrekten Eichung weniger in stark ausgeprägten Profilen (z.B. typische Saturn-Profile), sondern bei sehr ausgeglichenen Profilen nahe der Null-Linie, wo eine nicht angemessene Korrektur eventuell den Charakter des Profils verändern kann. Das Problem ist nicht ganz trivial und liegt in der Dynamik der planetarischen Bewegungsmuster begründet.

Neurotizismus

Aspekt	*Korrelation*	
Jupiter-Sonne	−	65
Uranus-Sonne	−	50
Uranus-Mars	−	40
Mars-Mond	−	39
Mars-Sonne	−	37
Mond-Sonne	−	36
Uranus-Mond	−	35
Uranus-Jupiter	−	29
Neptun-Sonne	−	26
Jupiter-Mars	−	26
Neptun-Mars	−	19
Neptun-Jupiter	−	12
Uranus-Saturn	−	11
Neptun-Saturn	−	11
Neptun-Mond	−	7
Neptun-Uranus	−	1
Jupiter-Mond	+	1
Saturn-Mars	+	41
Saturn-Jupiter	+	48
Saturn-Mond	+	53
Saturn-Sonne	+	79

Extraversion

Aspekt	*Korrelation*	
Saturn-Sonne	−	75
Saturn-Jupiter	−	75
Neptun-Jupiter	−	46
Saturn-Mars	−	39
Neptun-Mond	−	38
Uranus-Saturn	−	34
Jupiter-Mond	−	31
Neptun-Mars	−	25
Saturn-Mond	−	24
Neptun-Saturn	−	24
Neptun-Sonne	−	10
Jupiter-Mars	−	10
Neptun-Uranus	+	2
Jupiter-Sonne	+	20
Uranus-Mond	+	21
Mars-Sonne	+	25
Mond-Sonne	+	36
Uranus-Mars	+	41
Mars-Mond	+	45
Uranus-Jupiter	+	45
Uranus-Sonne	+	74

Offenheit

Aspekt	Korrelation	
Neptun-Mars	−	77
Neptun-Sonne	−	57
Saturn-Mond	−	47
Saturn-Jupiter	−	45
Neptun-Saturn	−	41
Jupiter-Sonne	−	30
Neptun-Jupiter	−	23
Uranus-Saturn	−	16
Jupiter-Mars	−	15
Neptun-Mond	−	7
Saturn-Mars	−	5
Uranus-Mond	+	0
Neptun-Uranus	+	7
Uranus-Sonne	+	10
Mond-Sonne	+	12
Uranus-Mars	+	18
Jupiter-Mond	+	21
Saturn-Sonne	+	24
Uranus-Jupiter	+	32
Mars-Sonne	+	33
Mars-Mond	+	60

Verträglichkeit

Aspekt		Korrelation
Saturn-Mars	-	75
Saturn-Sonne	-	68
Neptun-Uranus	-	61
Saturn-Jupiter	-	44
Uranus-Saturn	-	34
Neptun-Sonne	-	29
Saturn-Mond	-	24
Uranus-Mond	-	1
Jupiter-Sonne	+	7
Neptun-Saturn	+	9
Uranus-Mars	+	10
Mond-Sonne	+	13
Uranus-Jupiter	+	17
Mars-Mond	+	25
Neptun-Jupiter	+	26
Neptun-Mars	+	28
Jupiter-Mond	+	29
Neptun-Mond	+	34
Uranus-Sonne	+	38
Jupiter-Mars	+	53
Mars-Sonne	+	54

Rigidität

Aspekt	*Korrelation*	
Mond-Sonne	−	79
Uranus-Jupiter	−	71
Mars-Mond	−	45
Uranus-Mars	−	39
Uranus-Mond	−	36
Jupiter-Mond	−	32
Uranus-Sonne	−	20
Jupiter-Mars	−	5
Mars-Sonne	+	1
Jupiter-Sonne	+	16
Neptun-Sonne	+	16
Neptun-Saturn	+	19
Neptun-Uranus	+	21
Saturn-Mond	+	23
Uranus-Saturn	+	24
Neptun-Mond	+	36
Neptun-Jupiter	+	40
Neptun-Mars	+	41
Saturn-Sonne	+	45
Saturn-Jupiter	+	67
Saturn-Mars	+	73

Anhang B. Planetenprofile

Die rechte Achse repräsentiert den prozentualen Anteil eines bestimmten Big-5-Werts an der Summe aller absoluten Werte (linke Achse) für einen bestimmten Planeten aus den Korrelationstabellen. Der prozentuale Anteil ist gestrichelt dargestellt. Beispielsweise macht beim Sonne-Typ die negative Korrelation zum Neurotizismus knapp 60% aller Big-5-Korrelationen für diesen Planeten aus.

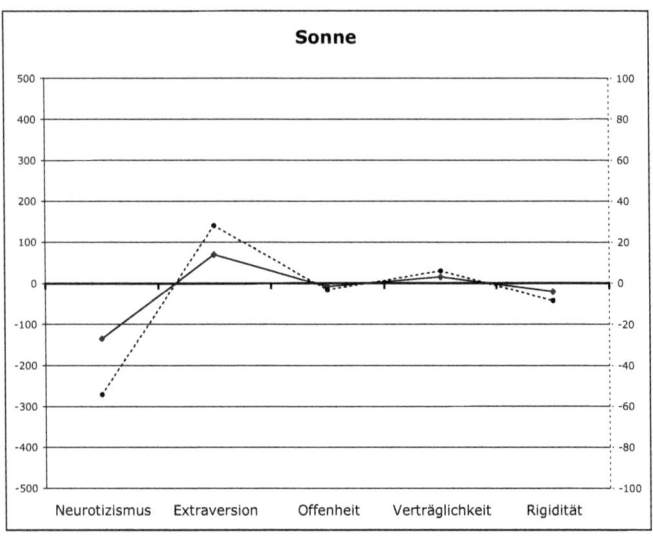

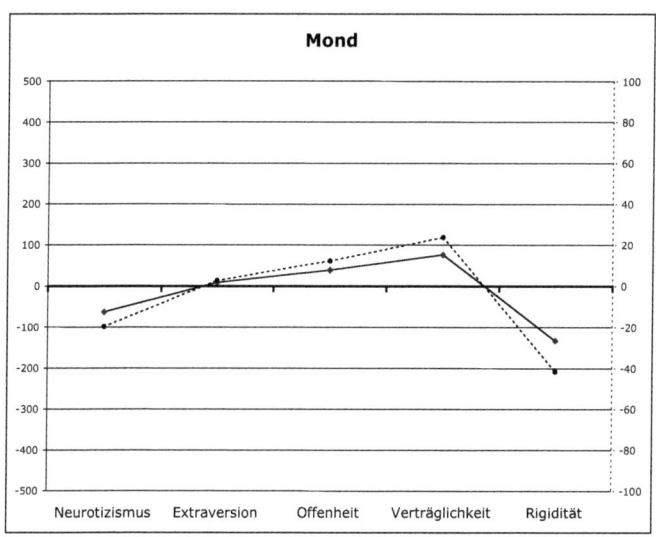
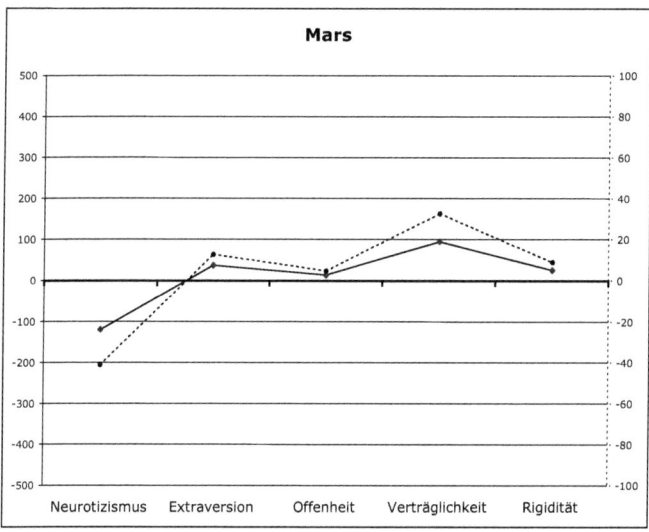

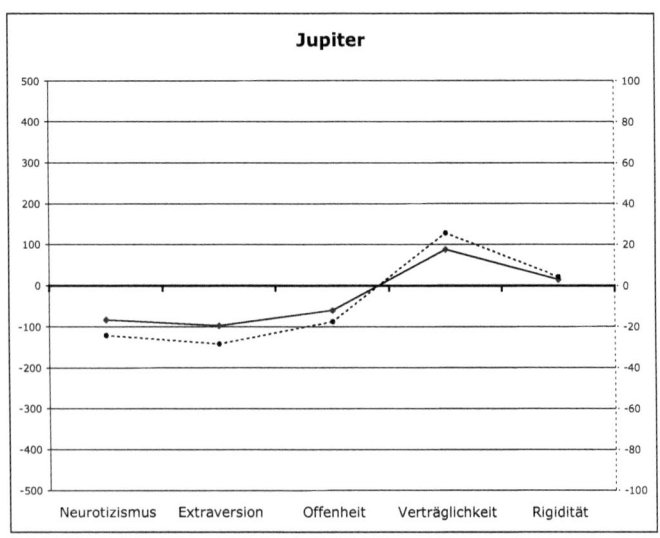
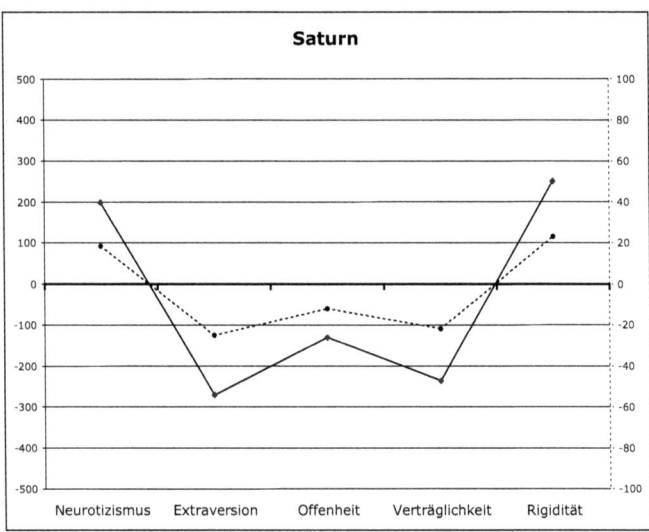

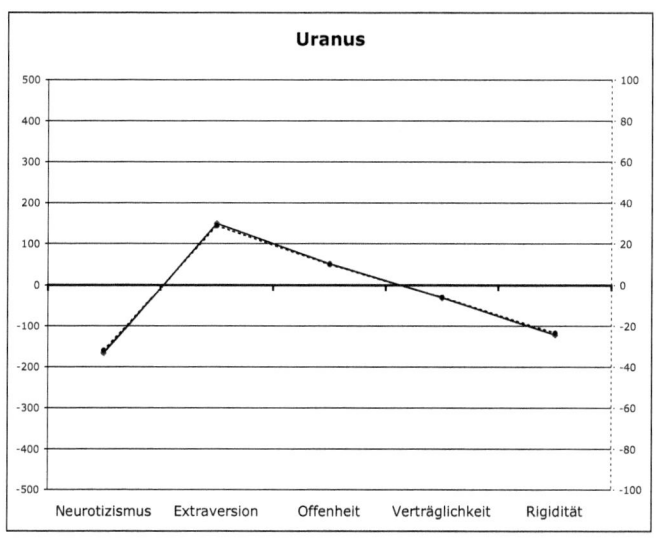

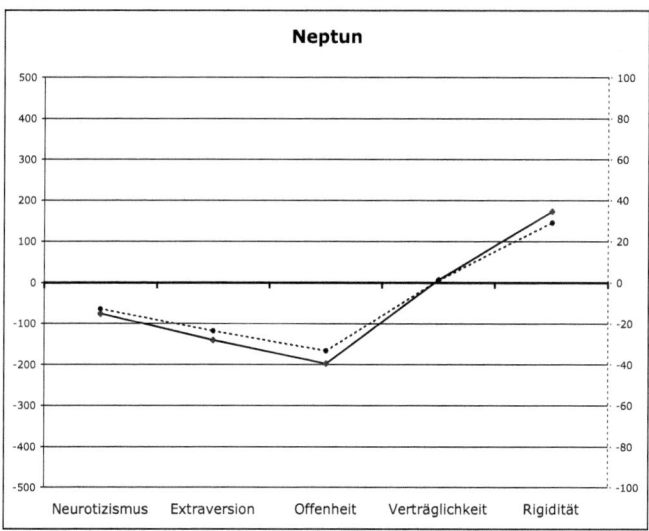

Denn die nachdrückliche Wirkung des Himmelscharakters und aller Teile der Geburtskonstellation, seine Dauerhaftigkeit in der Seele ist so gross, dass er sich vor dem Ende des Lebens nicht mehr verliert.

Johannes Kepler, IV. Buch der Weltharmonik